Björn Kurtén

Nicht von den Affen

Die Stammesgeschichte des Menschen

Übertragen von

Jutta und Theodor Knust

Universitas Verlag Berlin

Originalausgabe bei Bonniers Stockholm

Titel der Originalausgabe

Inte från aporna

Nach der englischen/schwedischen Ausgabe übertragen

von Jutta und Theodor Knust

Schutzumschlag: Hansbernd Lindemann

Zeichnungen: Margaret Lambert

Satz: IBV Lichtsatz, Berlin

Druck: Druckhaus Langenscheidt, Berlin

Druck des Umschlags: Grosse, Berlin

Einband: Berliner Buchbinderei Wübben & Co.

ISBN 3-8004-0996-8

Inhaltsverzeichnis

Thesen

Ich habe dieses Buch nicht mit der Absicht begonnen, die folgenden Thesen zu »beweisen«. Im Gegenteil, sie wurden erst nach und nach im Lauf der Arbeit formuliert, und viele von ihnen stehen im Widerspruch zu meinen früheren Überzeugungen.

1. Die Vorfahren des Menschen einerseits und die der Affen andererseits haben sich vor mehr als 35 Millionen Jahren voneinander getrennt.

2. Der Mensch stammt nicht von den Affen ab. Es wäre richtiger zu sagen, daß sowohl die Tieraffen als auch die Menschenaffen von frühen Vorfahren des Menschen abstammen. Es gibt einen entscheidenden Unterschied: In den charakteristischen Zügen, auf die es ankommt, ist der Mensch primitiv, während die Affen spezialisiert sind.

3. Unsere Vorfahren lebten vor etwa 10 Millionen Jahren auf Bäumen und stiegen vor 5 bis 10 Millionen Jahren von den Bäumen herab.

4. Unsere Vorfahren wurden nicht aufgrund einer Krise – etwa den Tod des Waldes durch Austrocknung – gezwungen, die Bäume zu verlassen. Sie kamen auf den Boden herunter, um eine neue, günstige Umwelt zu erobern.

5. Geschlechtsunterschiede sind vielleicht überbetont worden. Es besteht Grund zu der Annahme, daß es keine strenge Teilung zwischen Futter beschaffenden, jagenden, kämpfenden Männchen einerseits und zu Haus bleibenden, die Kinder hütenden Weibchen andererseits gab.

6. Die Menschheit hat sich wiederholt in verschiedene Arten aufgespalten, die bis auf eine alle ausgestorben sind, vermutlich durch den Existenzkampf oder durch Kämpfe untereinander.

7. Die natürliche Auslese ist noch immer eine entscheidende Kraft in der menschlichen Evolution. Auslese durch Unterschiede in der Sterblichkeit findet noch immer statt, und ihre Bedeutung wird sich vermutlich noch erhöhen.

Die Professoren W. W. Howells und S. J. Gould (Cambridge, Massachusetts) und C. S. Coon (Gloucester, Massachusetts) haben das Manuskript gelesen. Ihre Kommentare und Berichtigungen waren mir eine große Hilfe.

Cambridge, Massachusetts
Dezember 1970

Björn Kurtén

1. Die Funde

Der fossile Mensch

Wahrscheinlich sind sich – von den Fachleuten abgesehen – nur sehr wenige Menschen bewußt, wie lang die geologischen Zeitspannen oder wie ungemein reich die fossilen Urkunden vom Leben der Vergangenheit sind. Die Millionen von Jahren und die Millionen von Arten, die tot und vergangen sind, übersteigen das Vorstellungsvermögen. Der Besuch in einem der großen geologischen Museen wird dem Betrachter vielleicht kaum mehr als einen verworrenen Eindruck von einer Vielzahl seltsamer knochiger Gesichter in Stein vermitteln; es gibt tatsächlich Formen und Ausdrucksarten in unabsehbarer Fülle vom raubgierigen Grinsen des Tyrannosaurus bis zu dem kummervoll langen Gesicht des Trachodons mit seiner entenschnabelförmigen Schnauze und dem unglaublichen Zylinderhut.
Aber man kann in diesem versteinerten Zoo auch vertrautere Gesichter finden – menschliche oder halbmenschliche. Wir sehen vielleicht die kräftigen, klaren Linien vom Schädel des Cromagnonmenschen oder das eulenhafte Starren des Neandertalerkopfes mit den großen runden Augenhöhlen. Wir sehen die Zähne, die Bruchstücke von Kiefern und Schädeln noch älterer Halb- und Vormenschen der frühen Eiszeit vor ein, zwei Jahrmillionen.
Solche Funde sind selten, denn die Menschen sind im allgemeinen zu klug, um zu Fossilien zu werden. Es war sozusagen der Stümper, der Gefahr lief, zum Fossil zu werden. Er konnte in Schwimmsand geraten oder in ein Strudelloch fallen. Er konnte dem unterhöhlten Flußufer zu nahe kom-

men und von dem in der Regenzeit angeschwollenen Fluß mitgerissen werden. Oder ein feindlicher Stamm schlug ihm den Kopf ab, fraß sein Gehirn auf und warf den Schädel auf den Abfallhaufen. So wurden Menschen und die Vorfahren von Menschen zu Fossilien – bis zu der Zeit, als es üblich wurde, die Toten zu bestatten und so aufzubewahren. Deshalb gibt es nur so wenige Überreste von Menschenartigen, und deshalb stammen sie im allgemeinen aus so später geologischer Zeit. Die Cromagnonmenschen lebten vor etwa 20000 bis 25000 Jahren. Der letzte Neandertaler dürfte vor 35000 Jahren gestorben sein. Für ältere menschliche und halbmenschliche Fossilien haben wir Datierungen von 1 bis 2 Millionen Jahren. Einige von ihnen müssen sogar mehr als 5 Millionen Jahre alt sein. Das klingt überwältigend, und doch ist es kaum mehr als ein Kratzer in der Oberfläche. Der Tyrannosaurus und das Trachodon mit dem Zylinderhut gehören zu den letzten Dinosauriern, lebten aber vor über 65 Millionen Jahren. Und das Alter der Erde wird heute auf annähernd 5 Milliarden Jahre geschätzt. Kein menschliches Wesen hat je einen lebenden Dinosaurier gesehen, doch unsere Geschichte begann nicht erst vor 5 Millionen Jahren. Noch bis vor kurzem konnte man sagen, der Mensch stamme von Wesen ab, die den Vorfahren des Gorillas recht ähnlich gewesen seien, und die Trennung habe unmittelbar vor dem Anfang der Eiszeit, vor 3 bis 4 Millionen Jahren, stattgefunden. In diesem Fall müßten die frühen Menschen, je weiter wir in der Zeit zurückgehen, um so affenähnlicher sein. Überraschenderweise ist das jedoch keineswegs der Fall; der Ausdruck »Affenmenschen« ist völlig irreführend für diese frühen Menschen. Sie weisen vielmehr auf einen durchaus anderen Typ von Vorfahren hin.

Im letzten Jahrzehnt hat sich gezeigt, daß man die Abstammung des Menschen sehr viel weiter zurückverfolgen kann, wobei ihr einzigartig menschlicher Charakter stets deutlich bleibt. Die fossilen Urkunden erweisen es jetzt als überaus wahrscheinlich, daß die zoologische Familie des Menschen seit mindestens 35 Millionen Jahren ihre eigene Existenz besitzt – mehr als die Hälfte der Zeit, die seit dem Aussterben der letzten Dinosaurier verstrichen ist. Wir dürfen sogar bezweifeln, daß unser Vorfahr jemals das war, was man korrekterweise als Menschenaffe bezeichnen kann. Auch in zoologischer Hinsicht ist das durchaus einleuchtend. Die Unterschiede zwischen Menschenaffen und Menschen in der Anatomie – zum Beispiel der der Zähne – sind zu groß, als daß sie sich mit einem relativ jungen gemeinsamen Ursprung in Übereinstimmung bringen ließen, und das gleiche gilt für das Verhalten.

Es ist meine Absicht, das Beweismaterial, wie ich es sehe, in diesem Buch neu zu interpretieren und es in einer Art vorzulegen, die jedem Leser zugänglich ist. Der Gedanke, daß der Mensch von einer niedrigeren Form tierischen Lebens abstammt, erregt heute niemanden mehr, wie es zur Zeit des frühen Darwinismus der Fall war. Vielleicht meinen heute viele sogar, daß es kaum eine Rolle spielt, ob wir von den Menschenaffen abstammen oder nicht. Ich glaube jedoch, es spielt eine Rolle, schon aus dem einfachen Grund, daß es uns, wenn wir wissen, woher wir kommen, helfen kann zu verstehen, wohin wir gehen.

Namen

Viele Bücher über fossile Menschen verlangen vom Leser, daß er sich eine gewaltige Menge »wissenschaftliche« Namen merkt, so als ob jeder einzelne unserer Vorfahren eine Spezies für sich gewesen wäre. Allerdings waren die frühen

Funde fossiler Menschen tatsächlich so selten, daß der stolze Entdecker dazu neigte, ihre Bedeutung und Eigenständigkeit dadurch zu betonen, daß er jedem einen neuen Art- oder gar Gattungsnamen gab. Leider hat sich diese Tradition erhalten und wird sogar noch heute geübt, obwohl die Zahl der entdeckten Fossilien rasch wächst. Beispielsweise wurde kürzlich ein fast unbestimmbares Schädelfragment als neue Gattung und Art benannt, obwohl das Fossil vermutlich zu einer bereits bekannten Art gehört und keinerlei morphologische Einzelheit vorliegt, die zur Unterscheidung verwendet werden könnte. Systematiker der Zoologie haben es mittlerweile satt, die formelle Nomenklatur aus unzureichenden Gründen mit neuen Namen zu belasten, und man darf hoffen, daß die neue Generation der Anthropologen diese Frage im gleichen Licht sieht.

In diesem Buch werden die formellen Namen auf das Minimum beschränkt werden, das mir den tatsächlichen biologischen Verhältnissen, wie sie sich in den fossilen Funden zeigen, zu entsprechen scheint. Damit steuere ich den Mittelweg zwischen den sogenannten *splitters* und *lumpers* – Spalter und Zusammenfasser, wie man sie vielleicht nennen könnte. Die *splitter* meinen, Beweise für eine große Zahl von Arten und Gattungen gefunden zu haben. Die *lumper* dagegen betrachten viele Unterschiede als lediglich individuell, ohne systematische Bedeutung. Ich werde zu diesem Thema später noch mehr zu sagen haben, wenn wir zu der interessanten Frage kommen, ob die Menschheit jemals mehr als eine einzige gleichzeitig lebende Art ausgebildet hat.

Doch um Lesern behilflich zu sein, die vielleicht einige der Namen kennen, die hier nicht aufgenommen worden sind (man kann sie als Synonyme bezeichnen), habe ich sie in die Liste am Ende des Buches aufgenommen und kurz dazu bemerkt, wie es sich mit ihnen verhält.

Hier müssen wir einige Grundtatsachen über die Systematik einfügen, die für das Verständnis des folgenden Textes notwendig sind. Die Art ist die Grundeinheit der Klassifizierung. Eine Art setzt sich stets aus einer Population oder einer Gruppe von Populationen zusammen, deren Mitglieder sich untereinander fortpflanzen oder es wenigstens können, wenn sie in Kontakt miteinander kommen. Ein gutes Beispiel ist der heute lebende Mensch, die Art *Homo sapiens.*

Der Artname besteht aus zwei Teilen, von denen der erste der Name der Gattung, des Genus, ist, zu der die Art, die Spezies, gehört (in unserem Fall *Homo*), und der zweite der eigentliche Artname (in diesem Fall *sapiens*). Die Verwendung solcher förmlichen Namen wird durch eine Reihe international gültiger Vorschriften geregelt. Das Hauptziel dieser Vorschriften ist die Gewährleistung der Stabilität in der Nomenklatur, was besonders lobenswert in einer Zeit ist, da viele Gespräche in Verwirrung geraten, weil die verschiedenen Seiten das gleiche Wort in verschiedener Bedeutung verwenden – oder umgekehrt.

Die ursprüngliche »Bedeutung« der Namen spielt dagegen keine Rolle. Es kann sein, daß sich der Naturforscher, der die Art als erster beschrieb, über die wahren Eigenschaften dieser Art täuschte und ihr einen völlig unangemessenen Namen gab. Mancher wird sogar der Ansicht sein, daß sich selbst Linné täuschte, als er den Namen *Homo sapiens* (Mensch, der weise) prägte. Doch welche Bedeutung der erste Name für eine Art auch haben mag – er bleibt der gültige.

Gruppen verwandter Arten werden in die gleiche Gattung gestellt. Zum Beispiel werden *Homo sapiens* und die ausgestorbene Art *Homo erectus* (Javamensch, Pekingmensch usw.) heute allgemein als einander so nahestehend betrachtet, daß sie zu einer Gattung gehören. Etwas entferntere Formen werden in verschiedene Gattungen gestellt, gehören jedoch zur gleichen Familie, den *Hominidae* – Menschen und Vormenschen.

Den Hominidae oder Hominiden steht in der Klassifizierung die Familie der *Pongidae* am nächsten, in der die lebenden Menschenaffen (Gorilla, Schimpanse, Orang-Utan und die Gibbons) mit ihren fossilen Verwandten zusammengefaßt sind. Die Hominidae und Pongidae bilden gemeinsam mit mehreren anderen Familien (den Tieraffen, Halbaffen, Koboldmakis und verschiedenen ausgestorbenen Gruppen die große Ordnung der *Primates* oder Herrentiere. Diese Ordnung wiederum bildet einen Teil der Klasse *Mammalia* oder Säugetiere.

Dieses Aufbauschema erhält größere Flexibilität durch die Verwendung von Zwischengruppen wie Über- und Unterfamilien. Die Familie Pongidae umfaßt beispielsweise zwei ziemlich gut unterschiedene Gruppen – die großen Menschenaffen auf der einen und die Gibbons auf der anderen Seite –, die in zwei verschiedene Unterfamilien (Pongidae und Hylobatinae) gestellt werden.

Auch eine Art kann sich in Unterarten aufgliedern; das sind die kleinsten systematischen Einheiten, die formelle Namen erhalten. Der Name einer Unterart oder Subspezies besteht aus drei Teilen: die beiden ersten sind die der Art, zu der sie gehört, und der dritte ist der eigentliche Unterart-Name. Wenn man z. B. annimmt, daß der Neandertaler eine eigene Unterart war, aber zur gleichen Art gehörte wie wir, dann nennt man ihn *Homo sapiens neanderthalensis*. In diesem Fall könnte man alle heute lebenden Menschen als eine andere Unterart betrachten, die dann *Homo sapiens sapiens* genannt werden müßte. Aber eine Unterteilung der Art *Homo sapiens* ist aus mehreren Gründen heikel; deshalb werden wir diese Kategorie in vorliegendem Buch nicht viel verwenden.

Man darf dabei nämlich nicht außer acht lassen, daß die Namen, die wir benutzen, den Zweck haben, unsere Ansichten über die biologischen Beziehungen unter den Geschöpfen, über die wir sprechen, widerzuspiegeln, ob es sich dabei nun um Menschen oder um Affen handelt. Und das ist die eigentliche Bedeutung der formellen Nomenklatur.

Wie man die Dartianer fand

Die Haupttypen der heute bekannten ausgestorbenen Menschen sind der 1857 entdeckte Neandertaler, der 1892 entdeckte Java-Mensch und der 1924 gefundene Dartianer oder *Australopithecus*. Von diesen drei ist der Dartianer der älteste und primitivste. Deshalb muß der Dartianer der Angelpunkt unserer Untersuchung sein. Seine körperlichen Merkmale werden am ehesten Licht auf die Vorfahren der Hominiden werfen. Ferner müssen wir versuchen, uns einige Vorstellungen im Hinblick auf seine vermutlichen Gewohnheiten und seine Lebensweise zu bilden, die uns helfen sollen, die Anpassungen und das Leben seiner Vorgänger zu verstehen.

Das erste Fossil eines Dartianers, das wissenschaftlich untersucht wurde, war der Schädel eines Kindes aus einem Kalksteinbruch bei Taung (Ta-ung: Ort der Löwen) im damaligen Betschuana-Land und heutigen Botswana. Er wurde bei dem Abbau von Kalkstein durch eine Sprengung zutage gefördert und an Professor Raymond A. Dart in Johannesburg gesandt. Der Schädel erwies sich als sehr gut erhalten: vorhanden waren das ganze Gesicht, der Unterkiefer und die rechte Seite der Schädeldecke, dazu ein natürlicher Abdruck des Schädelinneren. Die Zähne waren Milchzähne, doch der erste bleibende Backenzahn war schon durchgebrochen. Das geschieht beim Menschen im Alter von etwa sechs Jahren – und das mußte also ungefähr das Alter des Taung-Kindes sein. Doch das Wesen war kein Mensch und ebensowenig ein Affe; es handelt sich um ein sehr primitives Geschöpf, dessen Gehirn weit kleiner war als bei irgendeinem menschlichen Kind vergleichbaren Alters. Als Dart den Fund im Jahr 1925 veröffentlichte, nannte er das Wesen *Australopithecus africanus* (Südaffe von Afrika) – was er bald bedauerte. Wie er erklärte, wäre ein Name wie *Homunculus* geeigneter gewesen, doch die Regeln der zoologischen Nomenklatur erlauben solche Änderungen nicht; außerdem war der Name *Homunculus* schon für einen fossilen Affen aus Südamerika benutzt worden. Im Jahr 1947 schlug Sir Arthur Keith den umgangssprachlichen Namen »Dartianer« für *Australopithecus africanus* und seine Verwandten vor. Ich folge hier dieser Anregung. Der bisher übliche umgangssprachliche Ausdruck Australopithecine ist nicht nur unbeholfen, sondern auch irreführend, da er die Vorstellung nahelegt, diese frühen Menschen bildeten eine eigene Unterfamilie.

Arthur Keith erwies Dart, der »sie [die Dartianer] nicht nur entdeckte, sondern auch ihre wahre Natur erkannte«, damit Ehre. In den zwanziger Jahren war die Situation anders. Die Anthropologen waren in der Regel nicht bereit, Darts Schlüsse im Hinblick auf Bedeutung und vermutliche Rolle des *Australopithecus* in der menschlichen Evolution zu akzeptieren. Doch spätere Entdeckungen und Untersuchungen überzeugten sie in allen wesentlichen Punkten, und es besteht wenig Grund, über diese alte Kontroverse weiter zu berichten. Wie wir später sehen werden, wurden praktisch alle epochemachenden Entdeckungen von fossilen Hominiden neuer Art mit Zweifeln und Widerspruch von den meisten lebenden Anthropologen aufgenommen.

Robert Broom, Arzt und Paläontologe, der sein Leben damit verbracht hatte, die fossilen Reptilien der südafrikanischen Karru zu studieren – das ist ein weit früheres Stadium der menschlichen Entwicklung –, war nicht einverstanden mit der Art, wie »Darts Baby« wegdisputiert wurde (es wurde gewöhnlich als ein Wesen betrachtet, das mit Gorilla und Schimpanse verwandt war), und meinte, es sei nun Zeit, mehr Material zutage zu fördern. Die Fossilien von Taung waren aus einer uralten Höhlenfüllung gekommen, und das Interesse an diesem Ort war zunächst von fossilen Pavianschädeln geweckt worden. Nun wurden fossile Paviane auch aus dem Sterkfontein-Tal im Transvaal gemeldet. Broom folgte dieser Spur.

Als Siebzigjähriger machte er sich auf die Suche nach fossilen Vormenschen im Sterkfontein-Tal. Als er im Jahr 1951 mit vierundachtzig starb, war ihm das über die kühnsten Hoffnungen hinaus gelungen. Reste von mindestens fünfzig Individuen waren damals bekannt geworden, und heute sind es über hundert. Das bedeutet, daß wir jetzt recht gut über einige anatomische Züge der Dartianer unterrichtet sind – besonders über Zähne, Kiefer und Hirnschädel –, und es ist gar nicht zu bezweifeln, daß es sich um Hominiden handelt, die mit Affen nichts zu tun haben.

Broom begann im Jahr 1936 mit der Arbeit und fand schon nach drei Monaten ein schönes Exemplar: den Schädel eines erwachsenen Dartianers in einer alten Höhle bei der Fundstätte des Sterkfontein-Typs. Diese Gegend hat seither viele weitere Funde erbracht. Anscheinend ist die Art der hier gefundenen Dartianer die gleiche wie in Taung, wenn man ihr auch zunächst einen anderen Namen gegeben hatte.

Später wurden mehrere weitere Funde von Vormenschen in zwei anderen alten Höhlen des Sterkfontein-Tales ausgegraben. Diese Stätten heißen Kromdraai und Swartkrans. Die Exemplare aus diesen Orten unterscheiden sich in manchen Punkten von dem Taung-Sterkfontein-Typ und könnten als *Australopithecus robustus* bezeichnet werden. Wie der Name anzeigt, waren diese Geschöpfe kräftiger gebaut als die Dartianer von Taung und Sterkfontein, und viele Forscher betrachten sie heute als eine eigene Art. Ich will diesen Schluß für den Augenblick akzeptieren und in einem späteren Kapitel auf die Artenfrage zurückkommen. Die beiden Formen sollen hier als grazile und robuste Dartianer bezeichnet werden.

Dart fand abermals grazile Dartianer in der Kalksteinbruchhöhle bei Makapansgat im Zentrum von Transvaal. Wie die früheren Funde kamen auch diese aus einer alten Höhlenfüllung – das bedeutete, daß die Dartianer entweder in der Höhle gestorben oder daß ihre Überreste von irgend jemand anders hineingeschleppt worden sind.
Die Datierung der Dartianer erwies sich als schwierig. Das einzige, was sich mit Sicherheit sagen ließ, war, daß die Fundstätten mit grazilen Dartianern älter waren als die mit robusten Dartianern. Heute wird man annehmen dürfen, daß manche von letzteren erst eine halbe Million Jahre alt sind, während die älteren Lagerstätten mit grazilen Dartianern mindestens 1 und vielleicht 2 Millionen Jahre alt sind. Das führte zu der Annahme, daß sich die grazilen Dartianer zu robusten Dartianern entwickelten und diese ganze Linie ein Seitenzweig der menschlichen Evolution sei.
Auch die Lage der Funde könnte eine solche Interpretation nahelegen. Solange Dartianer nur in Südafrika gefunden wurden, konnten sie als Seitenzweig erscheinen, der sich in diesem abgelegenen Gebiet fern vom Hauptstrom der menschlichen Evolution entwickelt hatte. Doch als auch andere Funde in Afrika und möglicherweise sogar in Asien als Dartianer-Fossilien erkannt wurden, zeigte sich deutlich, daß die robuste und die grazile Form sehr lange nebeneinander gelebt hatten und daß die Dartianer tatsächlich eine Station in der Evolution des Menschen darstellten. Und zugleich wurde die endgültige Datierung möglich.
Das entscheidende Beweismaterial kam aus der Olduvai-Schlucht, im nördlichen Tansania, die eine Reihe von Schichten durchschneidet, von denen der größte Teil des Pleistozäns – die letzten 2 bis 3 Millionen Jahre der Erdgeschichte einschließlich der Eiszeit – umspannt wird.
Dank der unermüdlichen Arbeit von L. S. B. Leakey sind dort bemerkenswerte Mengen von Menschen- und Tierfossilien sowie vom Menschen angefertigte Werkzeuge entdeckt worden.

Die Lava- und Tuffablagerungen in dieser Schichtenfolge konnten mit Hilfe der Kalium-Argon-Methode, der wichtigsten radiometrischen Datierungsmethode der Gegenwart, zeitlich festgelegt werden. Dieses Verfahren beruht darauf, daß Kalium, ein in der Natur sehr häufiges Element, ein radioaktives Isotop in geringer Menge enthält; dieses Isotop zerfällt, wobei das Edelgas Argon in meßbaren Mengen entsteht. Der Zerfall geht unaufhörlich in bekanntem Tempo vor sich, und deshalb kann das Verhältnis von Kalium und Argon in einem gegebenen Gestein benutzt werden, die Zeit, in der sich dieses Gestein gebildet hat, zu errechnen. Die Methode ist in dem Sinn zuverlässig, daß sie gleichbleibende Ergebnisse bringt, und soweit es sich um frühe Datierungen handelt – sagen wir von 10 Millionen Jahren an –, werden die Kalium-Argon-Datierungen von anderen Verfahren bestätigt. Im Hinblick auf spätere Daten – besonders auf die unter einer Million Jahre – bleiben einige Zweifel bestehen. Für die allerjüngsten Daten gibt es vielleicht größere Unstimmigkeiten, etwa ein Kalium-Argon-Datum von 240000 Jahren für Kulturmaterial, das nach allen anderen Datierungsmethoden nicht älter als etwa 30000 Jahre sein kann.
Dartianer-Fossilien, sowohl vom grazilen als auch vom robusten Typ, finden sich in einigen der ältesten Ablagerungen der Olduvai-Schlucht, die als 1,7 bis 1,8 Millionen Jahre alt datiert werden. Die Dartianer reichen in weit jüngere Schichten hinauf; nach einer nicht ganz sicheren Feststellung lebten in diesem Gebiet robuste Dartianer noch vor weniger als einer halben Million Jahren (das wäre ungefähr auch die Zeit der robusten Dartianer im Sterkfontein-Tal). Der grazile Typ verschwand jedoch in einem weit früheren Stadium, vermutlich weil er sich allmählich zu einer höheren Menschenform, dem *Homo erectus,* entwickelte. In Schichten von etwa einer Million Jahren Alter finden wir Fossilien von Übergangsformen, die sowohl fortgeschrittene Dartianer als auch primitive Vertreter des *Homo erec-*

tus sein können. Damit bekommt man eine Vorstellung von der vermutlichen Evolutionsrolle der grazilen Dartianer auf der einen und der robusten auf der anderen Seite: die einen als Vorfahren höherer Hominiden, die anderen ein ausgestorbener Seitenzweig.

Es gibt noch verschiedene andere Dartianer-Funde in Afrika, doch die wichtigsten kommen vom Omo-Tal an der Nordseite des Rudolf-Sees in Äthiopien. Hier findet sich eine Folge von Schichten, die bis zu etwa 4 Millionen Jahren zurückreichen. Dort sind Dartianer in mehreren Schichten von etwa 2 Millionen bis zu etwa 4 Millionen Jahren zurück gefunden worden. Die Datierung nach der Kalium-Argon-Methode stützt sich auf vulkanische Tuffe, die in verschiedener Höhe in die Schichtenfolge eingelagert sind.

Vorberichte über die Fossilien sind kürzlich von F. C. Howell veröffentlicht worden. Howell zeigt, daß sowohl der robuste als auch der grazile Typ repräsentiert sind. Die Periode der Koexistenz der beiden ist übrigens sehr lang, mindestens 2 bis 3 Jahrmillionen.

Als dieses Buch geschrieben wird, scheint das älteste bekannte Fossil eines Dartianers ein Kieferbruchstück der grazilen Form zu sein, das beim Lothagam-Hügel am südlichen Teil des Rudolf-Sees gefunden worden ist. Die Kalium-Argon-Daten der darüber wie der darunter liegenden Tuffe weisen auf ein Alter zwischen 4 und 8 Millionen Jahren hin. Die reiche Fauna fossiler Säugetiere, die man mit dem Dartianer zugleich gefunden hat, weist einen deutlich »früheren« Stempel auf als die bekannte afrikanische Fauna, die bis auf 4 Jahrmillionen zurückgeht, und man nimmt deshalb an, daß der Lothagam-Kiefer zwischen 5 und 6 Millionen Jahre alt ist.

Gab es auch außerhalb Afrikas Dartianer? Die vorliegenden Beweise werden noch nicht von allen Fachleuten anerkannt. Es gibt Funde im Nahen Osten (Ubeidiya) und in Ostasien (fossile Zähne unbekannter Herkunft, die in chinesischen Apotheken gekauft worden sind), die von einigen

Gelehrten als dartianisch betrachtet werden. Die vielleicht interessantesten Funde sind die von Java, die Meganthropus genannt wurden; einige Kiefer und einige einzelne Zähne sind entdeckt worden, und die ähneln bestimmt robusten Dartianern. Auch das Alter würde etwa richtig sein, denn die Stücke sind über 1 Million Jahre alt, vielleicht sogar über 2 Millionen.

Die Zähne eines Supermenschen?

Die Dartianer weisen viele Züge auf, die auf den ersten Blick affenhaft erscheinen – etwa das kleine Gehirn, die Brauenwülste und die vorspringenden Kiefer –, doch wenn wir sie genauer betrachten, müssen wir zu dem Schluß kommen, daß sie einfach primitiv im Vergleich mit uns sind und nicht spezifisch äffisch. Das Gehirn ist beispielsweise im Durchschnitt viel kleiner als das des modernen Menschen. Das Fassungsvermögen der Dartianer-Hirnschale liegt bei etwa 450 ccm; das ist ein Drittel von dem des modernen Menschen mit ungefähr 1350 ccm. Die Gestalt des Dartianers unterscheidet sich nicht stark von der des Gorillas, aber das macht den Dartianer natürlich nicht affengleich: er ist nur primitiv. Wegen des kleinen Gehirns und der starken Kiefer ist das Schädelprofil des Dartianers dem eines Menschenaffen nicht unähnlich. Doch wenn wir die Einzelheiten betrachten, stellen wir fest, daß sie fast alle anders sind. Das wird besonders deutlich, wenn wir uns die Zähne ansehen. Der Affe hat große, kräftige Eck- oder Augenzähne, die weit über die anderen Zähne hinausragen. Deshalb ist es notwendig, daß die andere Zahnreihe Lücken aufweist, sogenannte Affenlücken, um diese Hauer aufzunehmen. Im Oberkiefer findet sich ein solcher Platz zwischen den Eck- und den Schneidezähnen und im Unterkiefer zwischen Eck- und erstem Backenzahn. Der Eckzahn selbst hat, wenn man ihn sich an der Basis abgesägt vorstellt, einen ovalen Querschnitt, dessen Längsdurchmesser von vorn nach hinten weist.

Beim Dartianer dagegen ist der Eckzahn klein und ragt nicht über die anderen Zähne hinaus; deshalb sind keine Lücken notwendig. Die Zahnreihe ist – wie beim modernen Menschen – geschlossen. Die Form des Eckzahns ist der des unseren sehr ähnlich: leicht zugespitzt; wenn völlig unabgenutzt, dann mehr oder weniger spatelförmig wie die Vorderzähne. Sein Querschnitt an der Basis ist ebenfalls menschlich, und zwar breiter als lang im Gegensatz zu dem längeren Affenhauer.

Sehen wir uns als nächstes die Vorder- oder Schneidezähne an. Bei den Menschenaffen sind sie sehr groß, und dadurch wird der vordere Teil der Kiefer breit und maulförmig. Nicht so beim Dartianer, dessen Schneidezähne eher noch kleiner als unsere sind.

Wenn wir den Menschen von den Menschenaffen ableiten, dann hat der Dartianer übermenschliche Eck- und Schneidezähne – die Zähne vom Supermann im Kopf des Vormenschen. Aber natürlich ist es nicht so: der Dartianer weist lediglich auf einen Vorfahren zurück, der sich völlig von den Affen unterscheidet.

Wir kommen nun zu den Backenzähnen. Bei Menschen und Menschenaffen haben die Molaren die gleiche Grundform, das Erbe von einem gemeinsamen Vorfahren vor langer Zeit, das sich verhältnismäßig wenig verändert hat. Wenn wir uns jedoch die beiden ersten Backenzähne – die Prämolaren –, unmittelbar hinter den Eckzähnen, ansehen, zeigen sich erhebliche Unterschiede, vor allem im Unterkiefer.

Bei den Affen ist der Prämolar direkt hinter dem unteren Eckzahn sehr seltsam geformt. Er ist viel größer als der da-

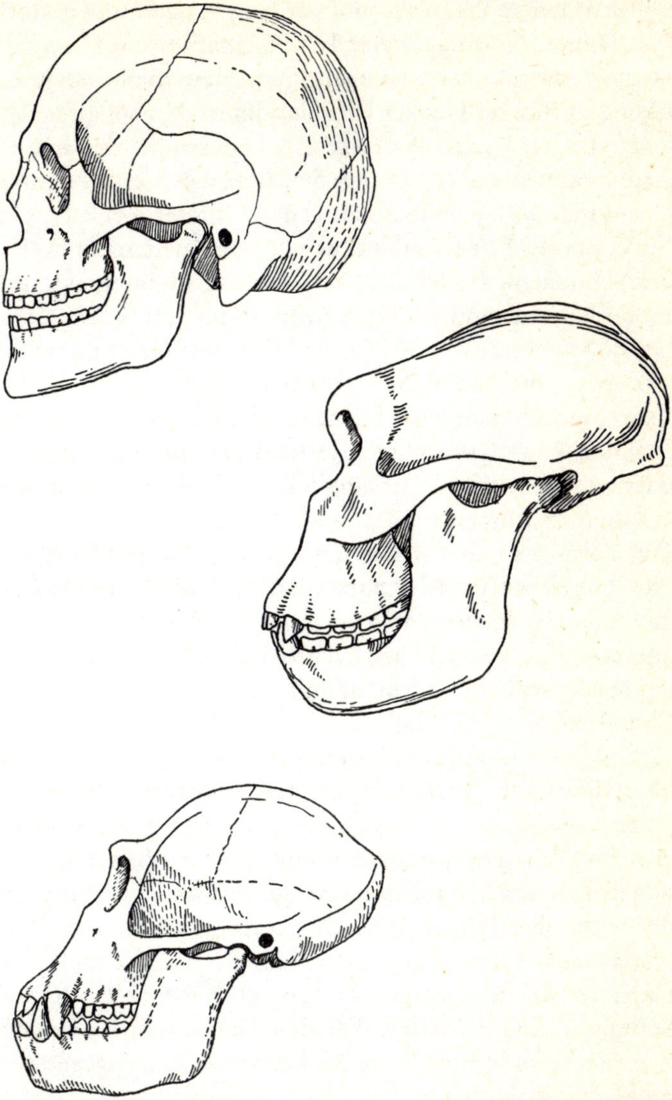

Schädel des modernen Menschen (oben), des robusten Dartianers (Mitte) und des Schimpansen (unten).

nebenstehende Prämolar und von außen nach innen merklich länger. Normalerweise hat er einen einzigen spitzen Höcker, wenn sich daneben bisweilen auch noch ein kleinerer innerer Höcker befinden kann. Ein scharfer Grat läuft von der Spitze des Haupthöckers am Vorderrand des Zahnes abwärts. Es zeigt sich deutlich, daß dieser Prämolar zusammen mit dem oberen und dem unteren Eckzahn eine funktionelle Einheit bildet: es wird ein ineinandergreifender Schneidapparat geschaffen. Der dahinterstehende Prämolar hat eine völlig andere Form. Er ist von bescheidener Größe, verhältnismäßig kurz und breit und weist zwei Hökker auf – einen äußeren und einen inneren.
Beim Menschen und beim Dartianer sind beide untere Prämolaren von diesem Typ. Sie sind im Querschnitt mehr oder weniger rund, nicht länglich, und haben zwei Höcker – außen und innen.
Die Zahnreihe als Ganzes hat bei Mensch und Dartianer eine bogenförmige oder parabolische Gestalt; die Backenzähne streben nach hinten auseinander. Bei den Menschenaffen ist die Zahnreihe dagegen U-förmig, d. h. die Backenzähne der beiden Seiten laufen parallel zueinander. Der Grund dafür ist der, daß die Schneidezähne bei den Affen viel größer sind und das Maul deshalb vorn breiter ist als bei den Hominiden. Wegen dieser großen vorderen Breite des Unterkiefers hat sich bei den meisten Affen eine besondere stützende Knochenstruktur gebildet – der Affensteg –, der den linken und den rechten Ast des Unterkiefers miteinander verbindet. Dieser Steg fehlt beim Menschen und den Dartianern. Der Gaumen ist beim Menschen und beim Dartianer stark gewölbt, bei den Affen jedoch flach. Daß Schneide- und Eckzähne bei den Dartianern klein sind, wurde bereits bemerkt. Die Backenzähne sind dagegen sehr groß.
Wenn wir all diese Punkte zusammennehmen, können wir einige Vermutungen über das Gebiß der Dartianer-Vorfahren aussprechen. Wahrscheinlich hatten sie kleine

Schneide- und Eckzähne, zweihöckrige erste Prämolaren im Unterkiefer und verhältnismäßig große Backenzähne. Die Zahnreihen entfernten sich vermutlich nach hinten zu parabolisch voneinander und wiesen keine auffallenden Affenlücken zwischen den Zähnen auf.

Die über die anderen Zähne greifenden Eckzähne der Affen beschränken die Kieferbewegung beim Kauen. Infolgedessen werden die Backenzähne beim Menschen völlig anders abgenutzt als beim Affen. Während die benutzte Oberfläche der Affenmolaren mehr oder weniger unregelmäßig wird, ist diese Fläche beim Menschen *völlig flach* wegen der komplexeren Kieferbewegung. Und auch das findet man bei den Dartianern.

Bei den robusten Dartianern sind die Molaren sehr groß, und die Muskeln, die die Kiefer bewegt haben, müssen geradezu ungeheuerlich gewesen sein, denn auf dem Scheitel hat sich ein Knochenkamm gebildet, um ein ausreichendes Gebiet zu schaffen, an dem diese Muskeln ansetzten. Das ist als äffisches Merkmal der Dartianer bezeichnet worden. Untersucht man diesen Scheitelkamm jedoch genauer, so zeigt sich gerade, daß er die Unterschiede den Affen gegenüber noch betont.

Es ist der große Schläfenmuskel, einer der Hauptmuskeln, die die Kiefer schließen, auf den die Ausbildung dieses Scheitelkammes zurückzuführen ist. Bei den Affen mit ihren besonders wichtigen Vorderzähnen verläuft dieser Muskel vom aufsteigenden Ast des Unterkiefers schräg nach hinten und oben zum Hinterkopf. Hier hat sich der sagittale Kamm für seine Befestigung gebildet, der in die transversalen Leisten am hinteren Schädelrand verläuft. Diese Nackenleisten dienen den Nackenmuskeln zur Anheftung, durch die der Kopf am Körper verankert ist.

Beim Menschen ist die Hauptrichtung des Schläfenmuskels nicht schräg, sondern senkrecht. Seine Funktion dient vor allem dem Backenzahnteil des Gebisses, weniger den Vorderzähnen. Wenn wir uns diesen Muskel so vergrößert vorstellen, wie er beim robusten Dartianer war, dann reicht er nach oben bis zum Scheitel, nicht jedoch zum Hinterkopf. Die beiden Schläfenmuskeln der linken und der rechten Seite treffen sich auf dem Scheitel, wo sich ein Kamm bildet, an dem sie sich anheften können. Dieser Kamm liegt den Nackenleisten recht fern; diese haben sich außerdem stark nach unten und hinten verschoben, weil die Dartianer eine aufrechte Haltung hatten. Deshalb muß Entwicklung und Lage des Scheitelkamms beim robusten Dartianer als einzigartiges Hominidenmerkmal betrachtet werden. Abermals sehen wir uns einem besonderen Gebißtyp bei den Vorfahren des Menschen gegenüber: kleine, nicht übergreifende Eckzähne, kleine Schneidezähne, große Backenzähne und eine Muskulatur, die kraftvolles Kauen erlaubt, aber nur geringe Beißfähigkeit.

Aufrecht!

Kein Affe ist ein Zweibeiner in dem Sinn, wie der Mensch es ist. Die Menschenaffen sind einem Leben in den Bäumen angepaßt, wo sie sich Hand über Hand als Schwinghangler bewegen. Deshalb sind ihre Arme länger, ihre Beine jedoch kürzer geworden. Wenn sie nun auf allen vieren laufen, haben sie eine halb aufrechte Haltung. Einige Menschenaffen, vor allem die Gibbons, können aufrecht auf zwei Beinen laufen, wobei sie mit den beiden ausgestreckten Armen balancieren, doch das ist offensichtlich etwas völlig anderes als der menschliche Gang auf zwei Beinen.
Für die Dartianer sind die Beweise für eine menschenähnliche aufrechte Haltung durchaus schlüssig. Das zeigt sich

beispielsweise am Schädel in der Lage des Hinterhauptsloches, des Foramen occipitale magnum, durch das die Verbindung zwischen Gehirn und Rückenmark verläuft. Die Öffnung ist auf beiden Seiten von den zwei Gelenkhöckern flankiert, die Kopf und Hals miteinander verbinden. Beim modernen Menschen liegt diese Öffnung zentral an der Schädelunterseite, so daß der Kopf fast vollkommen oben auf dem senkrechten Hals balanciert und den Halsmuskeln damit unnötige Spannungen erspart. Tatsächlich ist, wie die meisten von uns aus persönlicher Erfahrung wissen, jedoch das Gleichgewicht nicht ganz vollkommen. Wenn wir nämlich im Sitzen einschlafen, sinkt der Kopf nach vorn, da sich die Nackenmuskeln entspannen. Mit anderen Worten, der Schwerpunkt des Kopfes liegt ein wenig vor den Gelenkhöckern des Halsgelenks. Doch die notwendige Muskelkraft ist gering und kein langer Hebel notwendig. Deshalb liegt das Gebiet für die Befestigung der Nackenmuskeln ganz tief unten in der Nähe des unteren, hinteren Schädelrandes.

Bei den Menschenaffen dagegen zeigt das Hinterhauptsloch schräg nach hinten. Das beweist, daß der Kopf nicht auf einem senkrechten Hals balanciert. Deshalb liegt das Gebiet für die Befestigung der großen Nackenmuskeln, die für die Verankerung des vorspringenden Kopfes mit den schweren Kiefern nötig sind, hoch oben am Schädel.

Bei den Dartianern ist die Lage dieser Öffnung fast schon so wie beim heutigen Menschen und weist genau nach unten. Das zeigt, daß der Hals senkrecht war. Der Kopf war jedoch nicht so gut im Gleichgewicht wie beim Jetztmenschen, und es waren verhältnismäßig starke Muskeln vorhanden, wie sich aus dem größeren Hebel und den umfangreicheren Anheftungsgebieten für die Nackenmuskulatur ergibt. In dieser Hinsicht scheinen die Dartianer also unseren vierbeinigen Vorfahren noch etwas näher gestanden zu haben. Wir erhalten den Eindruck einer noch nicht beendeten Anpassung.

Doch wenn das Erbe der Vorfahren auch bei den Dartianern mehr zutage tritt als bei uns selbst, ist damit noch nicht gesagt, daß die Anpassung als solche noch »nicht beendet« ist. Tatsächlich könnte kein Geschöpf ein vollkommenes Gleichgewicht des Kopfes erreichen, wenn es Kiefer von der Größe der Dartianer und ein so kleines Gehirn wie sie hätte. Um dieses Gleichgewicht zu erreichen, müßte das Hinterhauptsloch im Verhältnis zur Hirnschale viel weiter nach vorn rücken, als es bei uns der Fall ist. Das würde vermutlich zu ernsten Schwierigkeiten bei der Schädel- und Gehirnbauweise führen. Wenn man mächtige Kiefer und ein kleines Gehirn hat, muß man sich in jedem Fall auf starke Nackenmuskeln verlassen können.

Ein weiterer Teil des Skeletts, an dem sich die aufrechte Haltung deutlich ablesen läßt, ist das Hüft- oder Darmbein. Bei den Affen ist es lang und schmal, beim Menschen kurz und breit. Die große Beckenschaufel, die das Darmbein bildet, ist beim Menschen ebenfalls kurz und breit, und ihre äußeren Teile sind nach vorn gerichtet. Bei den Affen ist die Beckenschaufel flach, lang und schmal. Die Unterschiede in der Form stehen im Zusammenhang mit der Krümmung der menschlichen Wirbelsäule. Sie krümmt sich unmittelbar über den Hüften nach innen und höher oben wieder nach außen wie ein langgezogenes S. Die Wirbelsäule der Affen krümmt sich dagegen nur nach vorn; von dem Hohlrücken des Menschen findet sich bei ihnen keine Spur.

Die breiten Darmbeinschaufeln des Beckens dienen dem Menschen als Stütze für die Eingeweide und als Ansatzgebiete für die kräftigen Glutäalmuskeln, die das menschliche Gesäß bilden – ein charakteristisches Merkmal des Menschen. Bei der aufrechten Haltung des Menschen haben diese Muskeln die Aufgabe übernommen, den Rumpf auf den Beinen zu balancieren. Infolgedessen haben die Beugemuskeln, die unter dem Hüftgelenk beginnen, einen Teil ihrer Bedeutung beim Menschen verloren. Der untere Teil des Beckengürtels – das Sitzbein – ist beim Menschen schwächer entwickelt als bei den Affen. Das Becken des Dartianers ist dem unseren grundlegend ähnlich. Es besitzt die breite Darmbeinschaufel und das reduzierte Sitzbein. Die Unterschiede dem heutigen Menschen gegenüber sind gering, aber interessant, da sie in Beziehung zu den Unterschieden im Gang stehen. Die Darmbeinschaufeln schwingen sich beispielsweise nicht so weit nach vorn wie bei uns – das ist ein primitives Merkmal. Der Bauch bietet sich deshalb »offener« dar als bei uns. Doch das wird zum Teil dadurch ausgeglichen, daß die Vorderseite des Darmbeins einen eigenen Fortsatz aufweist, der beim Jetztmenschen verlorengegangen ist. Die ganze Beckenanordnung führt einige Gelehrte zu der Annahme, daß die Wirbelsäule des Dartianers etwas weniger geschwungen war als die unsere. Manche meinen auch, daß die Dartianer eher »trotteten« und nicht zu dem echten menschlichen »Schreiten« fähig waren. Doch scheint es, daß mindestens die grazilen Dartianer gute Läufer gewesen sind. Man darf allerdings fragen, ob der schlurfendere Gang für die grazilen Dartianer wirklich ein Hindernis bedeutet hat, denn sie waren klein, nur wenig über 110 cm groß, und entsprechend leicht.

Oberschenkelknochen, die man fand, sind zwar unvollständig, zeigen aber doch, daß die Dartianer bereits den für den Jetztmenschen typischen X-beinigen Wuchs hatten: die Oberschenkelknochen laufen vom Hüftgelenk aus leicht nach innen, während das Schienbein senkrecht steht.

Der in einer frühen Schicht der Olduvai-Schlucht gefundene Fuß eines Dartianers zeigt eine grundlegend menschliche Struktur, ganz unähnlich dem handähnlichen Fuß der Menschenaffen. Der große Zeh war den anderen Zehen nicht gegenüberstellbar wie bei den Affen, deren Füße unseren Händen funktionell ähnlicher sind als ihre Hände. Doch der Dartianerfuß wirkt primitiver als der unsere, da der große Zeh nicht so auffallend größer ist. Der zweite und besonders der dritte Zeh sind gut entwickelt und nahmen anscheinend einen Teil des Körpergewichts beim Gehen auf, mehr als bei unserem Fuß, wo der große Zeh die Hauptarbeit tut.

Während das Fußgelenk der Dartianer typisch menschlich war, könnte das Kniegelenk etwas primitiver gewesen sein, wie man nach Lage der Muskelansatzstellen auf dem Schienbein annehmen darf. Doch diese Anordnung weist nicht besonders auf einen affenhaften Zustand zurück.

Von der Hand sind nur wenige Reste gefunden worden. Die der grazilen Dartianer deuten auf leichten Bau und weit größere Flexibilität der Hand hin, als sie bei den Affen zu finden ist. Allerdings wird sie nicht ganz so flexibel gewesen sein wie beim Jetztmenschen. Die Hand der robusten Dartianer war wohl erheblich kräftiger. Der Daumen war bei beiden anscheinend völlig opponierbar – genau wie bei uns – und konnte gut für den »Kraftgriff« der ganzen Faust und einigermaßen gut für den »Präzisionsgriff« des Daumens und Zeigefingers dienen. Den Präzisionsgriff vermag kein Menschenaffe auszuführen; sie alle haben rückgebildete Daumen und stark verlängerte Finger, wodurch das rasche Einhaken der Hand über den Zweigen ermöglicht wird, wenn sich die Tiere hangelnd fortbewegen.

Wenn wir versuchen, diese Tatsachen zu einem verständlichen Bild zusammenzufügen, sehen wir die Dartianer – vor allem die grazile Form – als bewegliche, völlig aufgerichtete Geschöpfe, vielleicht mit etwas weniger S-förmig gekrümmter Wirbelsäule, als sie der Mensch besitzt. Sie scheinen außerdem ausgezeichnet als Läufer gewesen zu sein, beim Langsamgehen vielleicht etwas unbeholfener (doch wird dieser Effekt bei ihrer geringen Größe und ihrer Leichtigkeit wahrscheinlich unbedeutend gewesen sein). Ferner hatten sie fast oder völlig menschliche Hände und konnten deshalb Werkzeuge, Waffen und andere Gegenstände handhaben. Einige anatomische Einzelheiten mögen etwas weniger »vollendet« oder auf leicht abweichende Art vollendet gewesen sein, wenn man sie mit den unsrigen vergleicht. Es zeigt sich deutlich, daß der Dartianer noch mehr von den vierfüßigen Vorfahren aufweist, und es ist ganz sicher, daß er sich aus vierfüßigen Vorfahren entwikkelt hat. Wie und wann dieser Übergang vor sich ging, wissen wir nicht. Jedenfalls gibt es keinen Grund für die Annahme, daß er ein Übergangsstadium jener gebückten Körperhaltung durchgemacht hat, die den großen Menschenaffen, den Pongiden, eigentümlich ist. Deren handähnliche Füße werden nicht flach auf den Boden gesetzt, sondern ruhen auf der Außenkante bei einer eigentümlich krummbeinigen Stellung, die dem X-beinigen Stand des Menschen ganz unähnlich ist. Es ist durchaus unwahrscheinlich, daß irgendein Vorfahr des Menschen jemals in dieser Weise gegangen ist.

Das gleiche gilt bestimmt für den Gang mit aufgestützten Fingerknöcheln, der ausschließlich bei den in Afrika lebenden großen Menschenaffen vorkommt, bei Schimpanse und Gorilla. Es ist behauptet worden, daß sich diese Gangart aus einer ursprünglich auf die Fäuste gestützten Gehweise entwickelt habe. Nichts deutet darauf hin, daß irgendeiner unserer hominiden Vorfahren diese Gewohnheit gehabt hätte.

Ramas Affe

Die frühesten Dartianer, von denen wir wissen, lebten vor etwa 4 Millionen Jahren. Damit gelangen wir tief ins Pliozän, in den letzten Abschnitt des Tertiärs. Noch vor 10 Jahren hätten nur wenige Forscher die Vorstellung von Hominiden im Tertiär akzeptiert. Und doch lag das Beweismaterial bereits vor, denn wenn der 4 Millionen Jahre alte

Dartianer damals auch noch nicht bekannt war, so kannte man doch den *Ramapithecus* – benannt nach der Hindugottheit Rama, dem Symbol höchster Reinheit –, der schon 1934 beschrieben worden war.

Diese von G. E. Lewis benannte Gattung wurde aufgrund des Oberkiefers eines kleinen Primaten aufgestellt, den die Yale-Expedition in den Siwalik-Bergen im nördlichen Indien fand. Diese Hügelkette enthält dicke fossilführende Schichten, die seit langem bekannt und von Geologen untersucht worden sind. Es handelt sich um Ablagerungen eines Vorgängers der Flüsse Indus und Ganges, die Millionen von Jahren alt sind. Man nimmt an, daß es sich dabei um einen einzigen Fluß handelte, der in uralten Zeiten in dem sich damals aufwölbenden Himalaja-Gebiet in der Gegend des heutigen Assam entsprang. Von dort floß er nach Nordwest durch die Senke, die sich damals am Fuß der Gebirgskette bildete, und wandte sich schließlich nach Süden, dem Indischen Ozean zu, wobei er dem gleichen Lauf folgte wie der heutige Indus.

Vermutlich entstand der Fluß mit der großen Auffaltung und Hebung des Himalajas im Miozän vor etwa 20 Millionen Jahren und blieb während des ganzen Pliozäns erhalten, das vor etwa 12 Jahrmillionen begann. Schließlich wurden die Siwalik-Berge während des Pleistozäns zu ihrer heutigen Höhe angehoben. Dadurch wurde der frühere Siwalik-Fluß gezwungen, seinen Lauf zu ändern. Er wurde zum Ganges, und die Verbindung zum Indus ging verloren.

Die große Reihe von Schichten in den Siwalik-Bergen beginnt also mit dem jüngeren Miozän und reicht tief bis ins Pliozän. Ungeheure Mengen von Fossilien sind in allen Schichten ausgegraben worden. Es sind Knochen von Tieren, die am Flußufer gestorben oder vielleicht auch im Fluß ertrunken sind. Viele Knochen sind von Krokodilen beschädigt worden, andere weisen Spuren vom Benagen durch Hyänen auf.

Der Kiefer des *Ramapithecus* wurde in einer Schicht

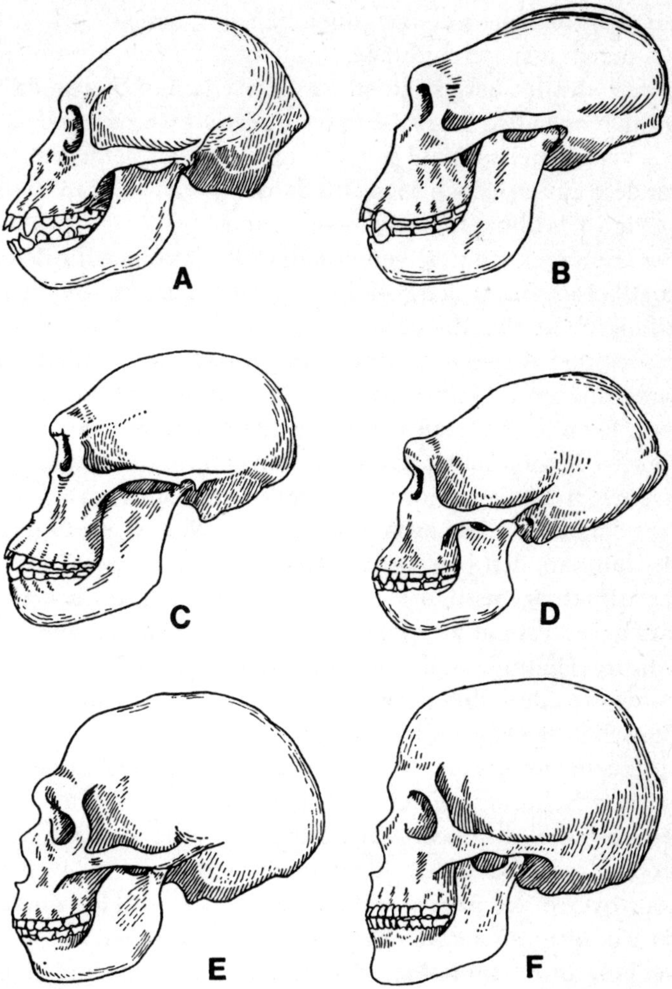

Wenn wir Ramapithecus *(A Restauration des Schädels) mitzählen, kennen wir jetzt sechs Haupttypen der Familie Hominidae. Die fünf anderen sind B* robuster Dartianer, *C* graziler Dartianer, *D* Homo erectus, *E* Neandertaler, *F* Homo sapiens *einschließlich Jetztmensch.*

etwa in der Mitte der Aufeinanderfolge, in der sogenannten Nagri-Formation, gefunden. Ebenso scheint es mit den meisten späteren Funden von dem gleichen Geschöpf in den Siwalik-Bergen zu stehen. Der *Ramapithecus* darf deshalb irgendwo ins frühe Pliozän gestellt werden und damit vermutlich 8 bis 12 Millionen Jahre alt sein. Einige Funde könnten jedoch sogar aus dem späteren Miozän – vor 12 bis 14 Millionen Jahren – stammen.

Lewis entdeckte einige bemerkenswert menschenähnliche Züge bei seinem neuen Fossil, Züge, die bei den zahlreichen Affenkiefern, die aus den Siwalik-Bergen – und auch aus Europa und Afrika – bekannt sind, entschieden fehlen. Er war kühn genug, *Ramapithecus* als Mitglied der menschlichen Familie, der Hominidae, zu klassifizieren. Es wurde die erste Beschreibung eines tertiären Hominiden und hätte eigentlich die Sensation des Tages werden müssen.

Kurz darauf wurden Lewis' Schlüsse von W. K. Gregory und M. Hellman, den berühmten Autoritäten auf dem Gebiet der Primatengebisse, bestätigt. Eine gemeinsame Untersuchung der Primaten von den Siwalik-Bergen wurde von Gregory, Hellman und Lewis veröffentlicht, und auch hier wurde die Ähnlichkeit zwischen *Ramapithecus* und dem Menschen nachdrücklich betont.

Trotzdem nahm kaum jemand Notiz davon. Die Aufmerksamkeit richtete sich auf die bemerkenswerten Funde des Peking- und des Java-Menschen und kurz danach auf Brooms neue Dartianer aus dem Sterkfontein-Tal. In der Kontroverse, die über diese neueren Funde wütete, wurde der weniger auffallende *Ramapithecus* übersehen.

Der einzige Anthropologe, der sich die Mühe machte, den Fund zu untersuchen, war Aleč Hrdlička, eine führende Gestalt in der amerikanischen Anthropologie. Seine Ansichten über angebliche fossile Hominiden mögen durch seine Erfahrungen in Amerika gefärbt worden sein, wo er zahlreiche heimische Überreste von »ancient men« untersuchen mußte, die als »Urmenschen« ausgegeben wurden.

Stets demaskierte er sie als ganz modern. Seine Einstellung zum *Ramapithecus* hatte etwas von der gleichen Tendenz des Demaskierens. Wenn diese Form auch zweifellos fossil war, so weigerte sich Hrdlička doch, sie als Hominiden anzuerkennen. Er betrachtete sie als Affen mit einigen menschenartigen Zügen.

Um Hrdlička gerecht zu werden, darf man nicht vergessen, daß die meisten Anthropologen zu dieser Zeit auch die Dartianer als Affen betrachteten. Und wenn Hrdlička den *Australopithecus* erwähnte, erklärte er nun stets, daß *Ramapithecus* der menschenähnlichere der beiden sei!

In den dreißiger Jahren war das wissenschaftliche Denken noch nicht reif für eine so erstaunliche Vorstellung wie einen tertiären Hominiden. Es gab im Pleistozän gerade genug Probleme, die noch geklärt werden mußten, und so wurde *Ramapithecus* vergessen. In den späten fünfziger Jahren nahm E. L. Simons jedoch das Studium dieser Form wieder auf. Er konnte bald andere Exemplare des *Ramapithecus* in verschiedenen Sammlungen aus den Siwalik-Bergen identifizieren, die bisher nicht erkannt worden waren. Er zeigte auch, daß ein ziemlich affenhafter Unterkiefer, der von Gregory, Hellman und Lewis als *Ramapithecus* bezeichnet worden war, in Wirklichkeit einem Affen zugehörte, daß dagegen andere Kiefer mit menschenähnlichen Merkmalen ganz zweifellos von *Ramapithecus* stammten.

Die meisten dieser Exemplare kommen, wie mittlerweile nachgewiesen werden konnte, aus der Nagri-Formation und sind deshalb annähernd von gleichem Alter. Simons erklärte überzeugend, daß Lewis' Behauptung, *Ramapithecus* gehöre in die Hominiden-Verwandtschaft, wohlbegründet sei. Heute wird dieser ausgestorbene Primate weithin als Mitglied unserer eigenen zoologischen Familie und als vermutlicher Vorfahr der Dartianer betrachtet.

Inzwischen hatte Leakey einen weiteren Oberkiefer des *Ramapithecus* in der Gegend von Fort Ternan in Kenia gefunden. Er ähnelte der indischen Form sehr, ist jedoch zweifellos erheblich älter, denn seine Kalium-Argon-Datierung ergibt 14 Millionen Jahre.

Aber *Ramapithecus* scheint noch weiter umhergestreift zu sein. Eine Reihe fossiler Zähne aus einem Kohlenrevier im Distrikt Keiyuan, Provinz Yünnan, China, zeigt die charakteristischen Züge des *Ramapithecus* und stellt offensichtlich einen östlichen Stamm dieser Form dar. Auch in Europa gibt es Funde, die zu *Ramapithecus* zu gehören scheinen. Einer ist ein Fund aus Süddeutschland, andere Zähne in Ungarn und Griechenland erwarten noch die Beschreibung. Sowohl die chinesischen als auch die europäischen Exemplare stammen aus dem frühen Pliozän, sind also etwa ebenso alt wie die indischen. Die afrikanischen Funde bleiben die ältesten.

Leider kennen wir von *Ramapithecus* nicht mehr als Bruchstücke der Kiefer und des Gesichts. Diese gehören jedoch dem hominiden Typ an und ähneln den entsprechenden Teilen der Dartianer sehr genau, nur daß *Ramapithecus* noch kleiner war.

Was wir von den Zähnen wissen, paßt sehr gut zu den Voraussagen, die sich auf die Dartianer stützen. Die Schneidezähne sind verhältnismäßig klein; sie sind stärker nach vorn gerichtet als bei den Dartianern und weisen dadurch ein primitives Merkmal auf. Auch die Eckzähne sind einigermaßen klein und ragen nicht über die anderen Zähne vor, sind jedoch etwas spitzer als bei den Dartianern. Die Backenzähne sind verhältnismäßig groß.

Die Zahnreihe ist geschlossen und weist keine Affenlücken auf. Die Backenzähne weichen auseinander wie beim Menschen. Der Gaumen ist stark gewölbt wie beim Menschen und den Dartianern.

Der untere erste Prämolar ist der einzige unsichere Punkt. Es gibt einige Kieferbruchstücke, die dem Alter nach vom frühen Miozän bis zum frühen Pliozän reichen und von *Ramapithecus* stammen könnten. Bei ihnen ist der vordere Prämolar zweihöckrig, etwas vergrößert und hat einen Grat,

der schräg vorwärts und nach außen verläuft; er wirkt gegen den oberen Eckzahn.
Im Profil betrachtet, unterscheidet sich *Ramapithecus* von den Affen seiner Zeit durch sein kurzes und stärker senkrechtes Gesicht mit kurzer Oberlippe. All dies steht in entschiedenem Kontrast zu den verlängerten Kiefern der Affen.

Affen aus dem jüngeren Tertiär

Alle heutigen Menschenaffen sind auf sehr verschiedene Weise hochspezialisiert, doch als gemeinsames Merkmal weisen sie die langen Arme und kurzen Beine auf, die sich dem Schwinghangeln angepaßt haben. Trotz der Ähnlichkeit entstand die Spezialisierung bei den verschiedenen Affen unabhängig voneinander. Die Vorfahren der Gibbons im jüngeren Tertiär hatten noch kurze Arme und lange Beine, das gleiche gilt für die Vorfahren der großen Menschenaffen. Könnte irgendeiner dieser spättertiären Affen (also aus Miozän und Pliozän) etwas mit der Herkunft der Menschen zu tun haben? Wir wollen einen kurzen Blick auf die bekannten Hauptgruppen werfen.
Die meisten Menschenaffen aus Miozän und Pliozän, dem Alter nach zwischen 5 und 7 Millionen Jahren bis zurück zu 20 Millionen Jahren, werden heute in die einzige Gattung *Dryopithecus* gestellt. Die frühesten Vertreter dieser Gattung erscheinen in Afrika vor gut 20 Millionen Jahren. Erheblich später, vielleicht vor 15 Millionen Jahren, erscheinen sie auch in Europa und Asien. Wir sahen bereits, daß der afrikanische *Ramapithecus* älter ist als seine eurasischen Brüder, und das gleiche scheint für *Dryopithecus* zu gelten.

Das könnte sehr wichtig sein, und ich werde in einem späteren Kapitel noch darauf zurückkommen.
Der französische Gelehrte Lartet fand als erster Überreste von *Dryopithecus*. Sein Fund in Saint-Gaudens vor über einem Jahrhundert stammt aus dem Miozän und ist etwa 15 Millionen Jahre alt. Verschiedene spätere Funde in Europa, Indien, Ostasien und Ostafrika haben gezeigt, daß *Dryopithecus* eine weitverbreitete und offensichtlich höchst erfolgreiche Form gewesen ist.
Von seiner Anatomie wissen wir ziemlich viel. Ein nahezu vollständiger Schädel einer kleinen Art wurde von Frau Leakey in Kenia gefunden, und das gleiche Gebiet gab später noch das Skelett eines ganzen Armes her. Andere Bruchstücke bestehen aus Kiefern, Zähnen, Schädelfragmenten und verschiedenen anderen Knochen. Es sind mehrere Arten des *Dryopithecus* bekannt, die der Größe nach von kleinen schimpansenähnlichen Tieren bis zu mächtigen Geschöpfen von der Klasse der größten Gorillas reichen.
Dryopithecus scheint ein idealer Vorfahr für die heutigen Schimpansen und Gorillas zu sein und könnte auch Ahn des Orang-Utans sein. Er ist weit primitiver als jeder der heutigen großen Menschenaffen. Der Arm ist nicht besonders lang, vermutlich nicht länger als das Bein. Die sorgfältige Analyse der bekannten Überreste weist darauf hin, daß sich *Dryopithecus* gewöhnlich auf vier Beinen bewegte, vermutlich aber auch imstande war, Hand über Hand zu schwingen, wenn auch weit weniger vollendet als seine heutigen Nachfahren. Die kleine Art stand möglicherweise, wenn sie sich auf den Hinterbeinen aufrichtete, auf der Ferse des Fußes und nicht auf der Außenkante.
Den Händen fehlen die extremen Hanglereigenschaften der heutigen Affen: der Daumen ist nicht stark verkürzt, und die anderen Finger sind nicht besonders lang. Die Hand wäre allerdings nicht sehr geeignet für den menschlichen »Präzisionsgriff« (Daumen und Zeigefinger). Sie ist mit der Hand der heutigen Kapuzineräffchen verglichen worden.

Das Gehirn ist verhältnismäßig klein – ein weiteres primitives Merkmal –, und das Gesicht springt vor. Die Nasenöffnung wirkt fast wie bei einem heutigen Tieraffen, nicht wie bei den Menschenaffen. Die Zähne sind ganz typisch affenhaft mit gut entwickelten Eckzähnen und dem charakteristischen unteren Prämolar. Die Backenzähne weisen das sogenannte *Dryopithecus*-Muster auf, das sowohl beim Menschen als auch bei den heutigen Menschenaffen wiederkehrt.

Der Mensch ist lange als Abkömmling des *Dryopithecus* betrachtet worden. Ehe man die wahre Natur des *Ramapithecus* erkannt hatte, schien das durchaus möglich zu sein. Doch jetzt wissen wir, daß echte Hominiden bereits vor 14 Millionen Jahren existierten. Mehr noch, sie weisen keinerlei Konvergenz zum *Dryopithecus*-Typ hin auf, wenn wir vom jüngsten (vor etwa 7 Millionen) bis zum ältesten (vor 14 Millionen Jahren) in der Zeit zurückgehen. Mindestens würde es bedeuten, daß der mögliche Ursprung bis zu den allerersten Formen des *Dryopithecus* vor etwa 20 Millionen Jahren zurückgeschoben werden müßte.

Doch selbst diese frühen Formen besitzen das spezialisierte Affengebiß. Die Frage ist, ob daraus ein menschliches Gebiß entstehen kann. Gewiß, eine Rückbildung der Eckzähne ist möglich, aber der eigentümliche Prämolar bietet ein schwierigeres Problem. Wir kennen keinen Fall, in dem eine vergleichbare Spezialisierung durch Rückkehr zum primitiven Zustand wieder verloren wurde, wenn sie einmal erworben worden war. Deshalb geht es den Paläontologen wider den Strich, eine solche Möglichkeit zuzugeben.

Glücklicherweise hat die Natur selbst das in Frage stehende Experiment vorgenommen. Wir wissen, was mit dem Affen-Prämolar geschieht, wenn die Eckzähne reduziert und die Kiefer in die Lage versetzt werden, mit der rotierenden Kaubewegung wie beim Menschen gegeneinanderzuwirken. Das geschah bei dem ausgestorbenen Menschenaffen *Gigantopithecus*, der sich im Pliozän aus dem *Dryopithe-*

cus entwickelte. Er ist aus dem Pliozän Indiens bekannt, doch das Hauptmaterial stammt aus dem frühen und mittleren Pleistozän Chinas.

Die ungeheuren Zähne des *Gigantopithecus* fand als erster G. H. R. von Koenigswald in den dreißiger Jahren in einer chinesischen Apotheke. Nach dem Zweiten Weltkrieg sammelten chinesische Paläontologen weitere Zähne in Apotheken und konnten schließlich den Riesen selbst bis in sein Lager verfolgen. Fossilien des *Gigantopithecus* wurden in alten Höhlen der Provinz Kwangsi in Südchina gefunden. Wir haben jetzt eine Anzahl von Unterkiefern dieses großen Geschöpfes, dazu einige fünfzig einzelne Zähne. Nichts davon ist jünger als mittleres Pleistozän – allerhöchstens –, vermutlich sind alle Überreste des *Gigantopithecus* sogar über eine halbe Million Jahre alt, so daß Spekulationen über eine mögliche Beziehung zu dem »Scheußlichen Schneemenschen« ein wenig aussichtslos wirken.

Eine auffallende Tatsache bei den ersten Funden war die vollkommen flache Abnutzung der Backenzähne, wie sie bezeichnend für das menschliche Gebiß ist. Das führte sogar zu der Ansicht, *Gigantopithecus* sei kein Menschenaffe, sondern ein riesiger Mensch gewesen. Als jedoch die Kiefer gefunden wurden, zeigte sich ganz deutlich, daß *Gigantopithecus* doch ein Affe war – aber ein sehr eigentümlicher. Bei diesem Affen sind die Eckzähne von stark reduzierter Größe, so daß eine im wesentlichen menschliche Art des Kauens möglich wurde. Übrigens sind nicht nur die Eck-, sondern auch die Schneidezähne recht klein, während die Backenzähne riesig sind. Und daraus folgt, daß die Zahnreihen nach hinten auseinanderstreben. Die ganze Gebißanordnung erinnert an die Dartianer, besonders an die robusten, wenn auch die Schnauze bei *Gigantopithecus* länger war.

Die eigentümlichen Züge, die man bei *Gigantopithecus* findet, können durchaus eine Anpassung an eine stärker gemischte Nahrung als die der normalen Affen sein, die überwiegend Vegetarier sind (allerdings denken manche auch an Getreide als Nahrung). Die Menschenaffen können zwar andere Säugetiere jagen, töten und fressen, doch ihre Hauptnahrung ist vegetarisch. Aber wenn sich ein Affe einer stärker gemischten Nahrung zuwandte, bei der die Fleischmengen größer wurden (ganz gleich, ob er selbst Tiere jagte oder Aas fraß), war es vielleicht günstig für ihn, wenn die übergreifenden Eckzähne reduziert wurden. Das konnte bei einem Affen von so ungeheurer Größe wie *Gigantopithecus* ungestraft geschehen; er war vielleicht so kräftig und imponierend, daß kein wahres Bedürfnis für große Eckzähne für Verteidigung oder Angriff mehr bestand. Doch welches die Erklärung nun auch sein mag, *Gigantopithecus* ist ein Affe, bei dem die Natur das Experiment vorgenommen hat, die Eckzähne zu verkleinern. Aber der Prämolar ist in seiner ursprünglichen Form noch da, völlig anders als der Typ, den man bei den Hominiden sieht. Der spezialisierte Prämolar des Affen entwickelt sich nicht zurück in den primitiven Prämolar des Menschen.

Dryopithecus und *Gigantopithecus* vertreten also die großen Menschenaffen im späten Tertiär, doch auch die Gibbons – die Gattung *Pliopithecus* – waren während dieser Zeit vorhanden und wurden in Europa, Afrika und Asien gefunden. Auch diese Form tritt zuerst in Afrika auf – zusammen mit dem frühesten *Dryopithecus;* dann zeigt sie sich in Europa, ebenfalls zusammen mit seinem größeren Verwandten.

In der Tschechoslowakei sind in einer Felsspaltfüllung fast vollständige Skelette gefunden worden, die uns eine gute Vorstellung vom Aussehen dieser Gibbonvorfahren geben. Es waren schlanke, leichtgebaute Geschöpfe, etwas kleiner als die heute lebenden Gibbons. Wie beim *Dryopithecus* waren ihre Arme nicht länger als die Beine. Die ungeheure Länge des Armes beim heutigen Gibbon ist eine recht späte Entwicklung.

Ein merkwürdig primitives Zeichen beim *Pliopithecus* ist das Vorhandensein eines kleinen Schwanzes. Heutige Gibbons sind, wie die großen Menschenaffen und die Menschen, schwanzlos.

Pliopithecus hat keine Beziehung zur Abstammung des Menschen, aber es gibt eine gleichzeitige Form, deren Beziehung, wenn auch mittelbar, wichtiger und recht interessant ist. Das ist das Geschöpf namens *Oreopithecus*. Abgesehen von einigen unsicheren russischen und afrikanischen Funden stammt das gesamte Material aus Braunkohlenrevieren Italiens und datiert sich aus dem spätesten Miozän – vor etwa 12 bis 13 Millionen Jahren. Damit wird *Oreopithecus* zum Zeitgenossen des *Ramapithecus*.

Die erste Beschreibung stammt aus dem Jahr 1871, von dem französischen Gelehrten Paul Gervais, der den Namen *Oreopithecus bambolii* prägte – »der Affe von Montebamboli«. Weit später, in den vierziger Jahren dieses Jahrhunderts, untersuchte der Schweizer Paläontologe Johannes Hürzeler den *Oreopithecus* abermals und konnte bald eine Reihe von seltsam menschenähnlichen Merkmalen bei Zähnen und Kiefern feststellen. Im Gegensatz zu allen anderen Menschenaffen besitzt *Oreopithecus* nicht nur kleine Eckzähne, sondern auch einen primitiven zweihöckrigen unteren Prämolar wie der Mensch.

Ein komplettes Skelett, das im Jahr 1958 in der Braunkohlengrube des toskanischen Baccinello gefunden wurde, zeigte viele andere bemerkenswerte menschenähnliche Merkmale. Die Form des Hüftbeins ist der des menschlichen nicht unähnlich und könnte für aufrechten Gang sprechen. Auch der Schädel zeigt, obwohl er in dem gefundenen Skelett völlig flachgedrückt war, eine merkwürdige Ähnlichkeit mit einigen frühen menschlichen Schädeln. Das Gesicht ist kurz und senkrecht und weist keine vorspringende Schnauze auf. Die Hirnschale ist ziemlich abgerundet, und das Gebiet, an dem die Nackenmuskulatur ansetzt, scheint sehr tief zu liegen, fast so tief wie bei den Dartianern

– das könnte für einen senkrechten Hals sprechen, auf dem der Kopf balancierte. Die Glieder zeigen, fast wie beim *Dryopithecus,* daß die Arme entweder ein wenig länger oder daß Arme und Beine gleich lang sind.

Die Hauptschwierigkeit bei *Oreopithecus* ist die, daß diese menschlichen Merkmale von einer sonderbaren Backenzahngruppe begleitet werden, die weder denen der echten Affen noch denen der Menschen ähnelt. Menschenaffen und Menschen weisen das sogenannte *Dryopithecus*-Muster auf, und dieses gehört zu den zuverlässigsten Anzeichen für die grundlegende Verwandtschaft. Das Höckermuster des *Oreopithecus* ist aber so stark abweichend, daß dieses Geschöpf nur entfernt mit dem Menschen und den anderen Menschenaffen verwandt sein kann. Auch die Schneidezähne haben eine ganz ungewöhnliche Form.

Wir müssen daraus schließen, daß die menschenähnlichen Merkmale des *Oreopithecus* nicht das Ergebnis einer tatsächlichen Verwandtschaft, sondern einer unabhängigen Anpassung an eine etwas ähnliche Lebensweise sind, wie sie die alten Hominiden führten. Eine solche Erscheinung wird konvergente Evolution genannt. Ein Beispiel dafür sahen wir bereits beim *Gigantopithecus,* der ebenfalls einige menschenähnliche Merkmale entwickelt hatte. Diese scheinen beim *Oreopithecus* allerdings tiefer verwurzelt zu sein und müssen auf eine weit längere Geschichte seines hominidenähnlichen Lebens zurückzuführen sein. Wahrscheinlich begann sie sogar schon vor der Evolution des typischen Menschenaffen-Prämolars.

Für uns ist der *Oreopithecus* deshalb besonders faszinierend, weil bei dieser Art die Konvergenz mit dem Menschen weiter geht als bei jedem anderen Primaten. Falls *Ramapithecus* ausgestorben wäre, hätte sich dann *Oreopithecus* zum Menschen entwickeln können? Das können wir nicht beantworten, da *Oreopithecus* ausstarb und *Ramapithecus* die Chance bekam.

Könnten *Ramapithecus* und die Dartianer als konvergent

– und nicht unmittelbar verwandt – mit den Hominiden betrachtet werden? Nein, denn in diesen Fällen wirken alle ähnlichen Merkmale völlig echt. Diese Geschöpfe unterscheiden sich dadurch von uns, daß sie primitiver und an etwas andere Lebensweisen angepaßt sind; doch in den entscheidenden Merkmalen bleiben sie uns ähnlich.
Das sind die fossilen Urkunden über die Hominiden- und Affenevolution im jüngeren Tertiär. Aber diese Geschöpfe haben Vorfahren, und wir müssen jetzt zeitlich noch weiter zurückgehen, um sie zu betrachten.
Später werden wir zu diesen Urkunden zurückkehren und sehen, was sie über Leben und Gewohnheiten der frühen Hominiden und der Pseudohominiden *(Oreopithecus)* zu sagen haben.

Die Affen von El Fayum

Bisher haben wir das jüngere Tertiär, das Miozän und das Pliozän besprochen, die Zeit also, die bis zu 25 Millionen Jahre zurückliegt. Nun müssen wir das noch frühere Oligozän betrachten, das vor etwa 35 Millionen Jahren begann. In den Oligozän-Schichten Europas oder Asiens gibt es keine Spuren von Affen oder Hominiden, obwohl diese Ablagerungen reich an Überresten anderer Lebensformen sind. Wir müssen nach Nordafrika gehen, um sie zu finden, genauer in die Wüstenlandschaft des Fayum in Ägypten, etwa 100 km südwestlich von Kairo.
Die große fossile Fauna dieser Region war einigen Gelehrten schon vor fast einem Jahrhundert bekannt, doch erst im frühen 20. Jahrhundert wurde das Vorhandensein von Prima-

tenfossilien in diesen Ablagerungen festgestellt. Seit dieser Zeit sind viele Expeditionen hier eifrig an der Arbeit gewesen. Die jüngsten Forschungen stammen von E. L. Simons.

Die Primatenüberreste finden sich an den Hängen der Qatrani-Steilwand, die nach Süden blickt und etwa 500 m über dem nahen Qarun-See aufragt. An der Basis der Schichtenfolge finden sich Fossilien wasserbewohnender Tiere – Wale, Seekühe, Krokodile und anderer – aus dem uralten Mittelmeer, das noch im Eozän, das dem Oligozän vorausging, dieses Gebiet bedeckte. Über dieser Schicht findet sich eine lange Reihe von Ablagerungen mit Fossilien oligozäner Land- und Süßwassertiere, die in dem sumpfigen Delta des alten Nils jener Zeit lebten. Die Geschichte endete mit ungeheuren Vulkaneruptionen, die eine dicke Lavaschicht über die lange Reihe von Ablagerungen goß. Der Lavafluß hat nach der Kalium-Argon-Datierung vor etwa 25 Millionen Jahren stattgefunden. Das ist die Zeit des Übergangs vom Oligozän zum Miozän.

Die Arbeit von E. L. Simons, die noch im Gange ist, hat in den Fayum-Ablagerungen eine außerordentliche Vielfalt früher Primaten zutage gefördert. Da gibt es Formen, die mit den Gibbons und den großen Menschenaffen verwandt sind, vielleicht auch mit den Tieraffen und den Halbaffen und sogar mit *Oreopithecus* und den Menschen.

Einer der bekanntesten Primaten aus dem Fayum ist ein ziemlich kleines Geschöpf, etwa von der Größe einer Katze. Im Jahr 1911 erhielt es von Max Schlosser, der es für einen Vorläufer des im vorigen Kapitel besprochenen Gibbons *Pliopithecus* hielt, den unglücklichen Namen *Propliopithecus*. Diese Ansicht ist schwer zu verstehen, denn es besteht nicht die geringste Ähnlichkeit mit den säbelähnlichen Eckzähnen und dem hohen, scharfkantigen Prämolar der Gibbons. Im Gegenteil, die menschenähnlichen Merkmale des *Propliopithecus* sind recht auffallend.

Es gibt mehrere Funde von dieser Form, darunter fast vollständige Kiefer und viele Oberzähne. Die Zahnreihe im Un-

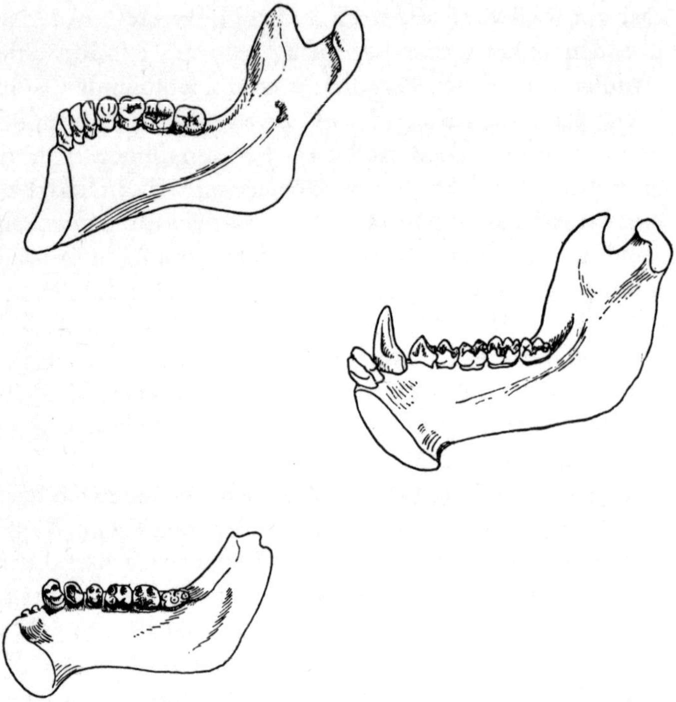

Rechte Hälfte vom Unterkiefer des Menschen (oben), des Gorillas (Mitte) und des Propliopithecus *(unten), von innen betrachtet. Die Zähne – von links gezählt – sind zwei Schneidezähne, ein Eckzahn, zwei Prämolaren und drei Molaren (doch in dem menschlichen Kiefer ist der letzte Molar oder Weisheitszahn nicht durchgebrochen). In dem fossilen Kiefer des* Propliopithecus *sind die beiden Schneidezähne ausgefallen, so daß der erste erhaltene Zahn der kleine stumpfe Eckzahn ist. Man beachte den großen Eckzahn und den spitzen ersten Prämolar des Gorillas.*

terkiefer ist geschlossen und von länglich parabolischer Gestalt, sehr ähnlich der späterer Hominiden, aber sich sanft von vorn nach hinten erweiternd. Die Schneidezähne sind klein und springen nicht schräg nach vorn vor, wie es bei den Menschenaffen der Fall ist, sondern stehen fast senkrecht wie bei Hominiden. Die Eckzähne sind auffallend klein, ziemlich stumpf und von spatelförmiger Gestalt. Bei einigen *Propliopitheci* sind beide Prämolaren klein abgerundet und breiter als lang, außerdem zweihöckrig – die Anordnung, wie man sie bei Hominiden findet.

Die Backenzähne sind vom gleichen Typ wie die bei Menschen und Menschenaffen, doch die geringe Größe des letzten erinnert eher an Hominiden als an Menschenaffen, denn bei denen ist der hinterste Backenzahn gewöhnlich der längste. Von der Seite betrachtet ist der Kieferknochen des *Propliopithecus* kurz und tief und steht damit im Gegensatz zu den langen Kiefern der Affen. Die Kinnlinie ist stärker vertikal als das schrägstehende Affenkinn, und das hintere Ende des Kiefers weist eine eigentümliche Abwärtsbiegung auf, die die Biegung der Schädelbasis widerspiegeln könnte, die für Hominiden so bezeichnend ist: Es ist diese Biegung, die dazu beiträgt, daß ein senkrechtes, nicht vorspringendes Gesicht entsteht.

Ist *Propliopithecus* ein Hominidenvorfahr? In seiner Anatomie scheint es nichts zu geben, was ihn davon ausschließen müßte. Im Gegenteil, die Merkmale sind die, die wir bei einem frühen Vorfahren der Dartianer und des *Ramapithecus* erwarten dürfen, sobald wir den Zwang abschütteln, unter den Menschenaffen nach einem Vorfahren suchen zu wollen.

Im Augenblick ist vielleicht der einzige beunruhigende Faktor die lange Zeitspanne, die *Propliopithecus* vom frühesten *Ramapithecus* trennt. Die *Propliopithecus*-Fossilien scheinen aus dem mittleren Teil der Schichtenfolge im Fayum zu kommen und müßten deshalb etwa 30 Millionen Jahre alt sein, während der älteste *Ramapithecus* nur

14 Millionen Jahre zählt. Allerdings gibt es Berichte über Hominidenfunde in Kenia – deren Alter 20 Millionen oder mehr Jahre betragen soll –, doch einstweilen sind diese noch strittig.

Die einzigartige Stellung des *Propliopithecus* wird durch eine Untersuchung der anderen Primaten aus dem Fayum scharf herausgearbeitet. Wir wollen diese Arten kurz aufgrund der vorläufigen, aber gut illustrierten Abhandlungen betrachten, die bis jetzt zur Verfügung stehen.

Da gibt es eine Anzahl primitiver Primaten, *Parapithecus* und verwandte Formen, bei denen die Zahl der Prämolaren in jeder Kieferhälfte noch drei beträgt, während es bei allen anderen Tier- und Menschenaffen und Hominiden der Alten Welt zwei sind. Diese Gruppe aus dem Fayum könnte von den Übergangsformen von den niederen Primaten des frühen Tertiärs zu den höheren Formen des Oligozäns abstammen. (Solche niederen Primaten stehen vielleicht den heutigen Halbaffen nahe, doch ist die Übergangsgruppe anscheinend vor dem Ende des Oligozäns ausgestorben.)

Interessanterweise sind die Schneide- und Eckzähne der *Parapithecus*-Gruppe recht klein und die Prämolaren klein, gerundet und zweihöckrig. Das spricht dafür, daß die Kleinheit der Vorderzähne und die Gestalt der Prämolaren bei den Hominiden ganz einfach ein primitives Merkmal ist, das unverändert geblieben ist, seit die höheren Primaten ins Dasein traten.

Die Tiere der *Parapithecus*-Gruppe sind nicht alt genug und zu primitiv, als daß sie unmittelbar etwas mit dem Ursprung der Hominiden zu tun haben könnten. Doch ein Mitglied der Gruppe besitzt Backenzähne, die denen des *Oreopithecus* ein wenig ähneln. Deshalb hält man es für möglich, daß es ein Vorfahr dieses Tieres ist.

In den ältesten Schichten der oligozänen Folge im Fayum sind Überreste eines sehr kleinen, affenähnlichen Geschöpfes, *Oligopithecus* genannt, gefunden worden. Dieses Tier ist noch kleiner als *Propliopithecus*, hat jedoch in scharfem

Gegensatz zu dieser Form fangähnliche Eckzähne und einen unverkennbaren menschen- oder tieraffenähnlichen Prämolar vom hohen, spitzen, einhöckrigen Typ. Zwischen Prämolar und Eckzahn befindet sich ein leerer Raum für die Aufnahme des größeren oberen Eckzahnes.

Die Stellung dieses Tieres in der Geschichte der Primaten ist noch unsicher, doch vermutlich steht es den Vorfahren sowohl der Tieraffen als auch der Menschenaffen nahe. Bestimmt ist es aber viel zu spezialisiert, als daß es irgend etwas mit den Vorfahren des *Propliopithecus* zu tun haben könnte.

Im oberen Fayum finden sich bereits identifizierbare Menschenaffen. Unter ihnen gibt es eine Form, die offenbar ebenso zu den Vorfahren der Gibbons gehört wie zu den Vorfahren der großen Menschenaffen: der *Aegyptopithecus*. Von diesem sind zahlreiche Skeletteile ausgegraben worden, unter anderem ein fast vollständiger Schädel – der älteste bisher bekannte Menschenaffenschädel. Sein Alter beträgt etwa 28 Millionen Jahre.

Aegyptopithecus war nicht größer als ein heutiger Gibbon, ist jedoch mit den großen Menschenaffen näher verwandt als mit diesem. Sehr wahrscheinlich ist er der unmittelbare Vorfahr des *Dryopithecus*. Im Gegensatz zu seinem Nachkommen besaß er ein kleineres Gehirn und eine schmale, vorspringende Schnauze. Die Eck- und Schneidezähne waren groß und der vordere Prämolar ganz menschenaffenähnlich. Das Maul ist jedoch nicht so breit wie bei den jüngeren Menschenaffen, und die Zahnreihen weichen nach hinten auseinander. Die Molaren ähneln denen des *Dryopithecus*. Die Augen weisen bereits die nach vorn gerichtete Stellung auf, die für Tier- und Menschenaffen und Menschen bezeichnend ist. Die Knochen der Gliedmaßen deuten auf die Anpassung an ein Leben in den Bäumen hin. Ein Schwanz war noch vorhanden.

In mancherlei Hinsicht ähnelt der *Aegyptopithecus* noch mehr den Tier- als den Menschenaffen – man könnte sogar sagen, wie Simons anmerkt, daß wir hier die Zähne eines Menschenaffen im Kopf eines Tieraffen sehen. Wahrscheinlich sind wir an diesem Punkt – vor 28 Millionen Jahren – der Zeit noch sehr nahe, zu der sich Tier- und Menschenaffen voneinander trennen. Das älteste bekannte Wesen, von dem wir ohne Zweifel sagen können, daß es sich um einen Tieraffen handelt, ist im frühen Miozän, wenige Jahrmillionen später, gefunden worden.

Im Fayum müssen wir den Ursprüngen der drei Linien, Menschenaffen, Tieraffen und Menschen, sehr nahe sein; sie entwickeln sich aus den noch älteren und primitiveren Prosimiern des Eozäns. Von diesen Halbaffen kennen wir zahlreiche Formen von den nördlichen Kontinenten, doch bisher überhaupt keine aus dem Süden, aus Afrika oder Südasien. Die einzige Spur, die wir im Augenblick verfolgen können, sind einige Fundbruchstücke aus dem späten Eozän in Burma, die vielleicht 35 bis 40 Millionen Jahre alt sind; sie scheinen den Übergang zwischen Prosimiern und höheren Primaten zu bilden.

Obwohl wenig über diesen Übergang bekannt ist, scheint sicher zu sein, daß die Übergangsformen kleine Eck- und Vorderzähne und die primitiven unspezialisierten Prämolaren hatten, die später bei einigen Vertretern des *Propliopithecus* und noch später vielleicht beim *Ramapithecus*, bei Dartianern und bei uns selbst wieder auftreten. Aus Formen dieses primitiven Typs entstanden vermutlich die Linien der Menschen- und der Tieraffen durch die Entwicklung größerer Eckzähne und des spezialisierten Prämolars – all dies in Anpassung an eine bestimmte Art der Ernährung. Wenn wir die Hominiden von den Menschenaffen ableiten, würde das bedeuten, daß sich die menschenähnlichen Zähne der frühesten Formen zu Menschenaffenzähnen hätten entwickeln müssen und dann wieder zurück in menschenähnliche Zähne. Für einen Paläontologen, der mit entwicklungsgeschichtlichen Aufeinanderfolgen vertraut ist, erscheint das nicht als glaubhafte Alternative.

Danach ist die logischste Antwort, die von dem fossilen Beweismaterial gegeben wird, die folgende: Hominiden stammen nicht von Menschenaffen ab, aber Affen könnten vielleicht von Hominiden abstammen.

Die vergessene Evolution

Viele Autoren vertreten die Ansicht, daß Menschenaffen und Menschen einen gemeinsamen Ursprung hätten, der nicht weit zurückliegt, und manche betrachten Menschen, Schimpansen und Gorillas als eine sehr eng miteinander verwandte Gruppe, deren Mitglieder sich erst innerhalb der letzten wenigen Millionen Jahre voneinander getrennt hätten. Mir und anderen erschien das Beweismaterial ganz plausibel, solange wir nichts von tertiären Hominiden wußten und die Dartianer noch als Geschöpfe zwischen Affe und Mensch betrachtet wurden.

Ein wichtiges Argument stammt aus dem Vergleich der Blutserumproteine verschiedener Arten, eine Methode, die mittlerweile äußerst genau und fein geworden ist. Solche Vergleiche zeigen, daß das Serum des Menschen dem des Gorillas und Schimpansen ähnlicher ist, als jedes einzelne dieser Seren dem Serum der Orang-Utans oder Gibbons ähnelt. Dies führte zu dem Schluß, daß eine entsprechende genetische Ähnlichkeit existiere und daß diese Ähnlichkeit auf den gemeinsamen Ursprung vor verhältnismäßig kurzer Zeit zurückzuführen sei – auf enge genetische Verwandtschaft.

Man hat das sogar so aufgefaßt, daß sich die Entwicklungsreihe des Orang-Utans bereits zu ziemlich früher Zeit von der gemeinsamen Entwicklungsreihe von Mensch, Schimpanse und Gorilla abgespalten habe (die Entwicklungsreihe des Gibbons ist dann natürlich eine noch frühere Abzweigung). Sehr viel später sollen sich dann die Hominiden aus der Vorfahrenreihe von Gorilla und Schimpanse entwickelt haben – nach einer Ansicht sogar aus den frühen Gorillas. (Ganz ähnliche Schlüsse sind aufgrund von Untersuchungen an Chromosomen im Hinblick auf ihre Zahl und Gestalt gezogen worden.)

Eine solche Behauptung muß uns Bedenken einflößen, da sie völlig im Widerspruch zum fossilen Beweismaterial steht. Wir haben vor 4 Millionen Jahren Dartianer, die nicht affenähnlicher werden, wenn wir weiter zurückgehen. Davor haben wir den *Ramapithecus,* der 14 Millionen Jahre zurückreicht und den gleichen Eindruck vermittelt. Hier kann etwas nicht stimmen. Das letzte mögliche Datum, das für einen gemeinsamen Ursprung in Frage kommen könnte (wobei wir *Propliopithecus* für den Augenblick einmal außer acht lassen wollen), wäre der frühe *Dryopithecus* vor etwa 20 Millionen Jahren. Zu jener Zeit lag die Wanderung von Menschenaffen nach Asien noch in weiter Zukunft; deshalb ist es fast unvorstellbar, wie sich die Orang-Utan-Entwicklungsreihe differenzieren konnte; vermutlich entwickelte sich der Orang-Utan in Asien in verhältnismäßiger Isolierung von den afrikanischen Formen. Es scheint physisch einfach unmöglich, daß der Mensch mit den heutigen afrikanischen Menschenaffen näher verwandt sein könnte als mit dem Orang-Utan.

Glücklicherweise bietet sich ein Ausweg aus diesem Dilemma. Das Beweismaterial, das die Seren- und Chromosomenuntersuchung erbringt, ist gar nicht historisch; es zeigt lediglich gegenwärtige Ähnlichkeiten und Unterschiede, nicht jedoch, wie, wann oder warum sie entstanden sind. Daß diese Ähnlichkeiten oder Unterschiede den Grad der Verwandtschaft infolge der Abstammung widerspiegelten, ist einfach eine Hypothese, und diese steht und fällt mit der

Antwort auf die Frage, wieweit sie sich mit dem historischen Beweismaterial vereinbaren läßt. In unserem Fall zeigt das historische Beweismaterial, daß die Hypothese unhaltbar ist und daß wir nach anderen Erklärungen suchen müssen – darüber in Kürze mehr.

Auch die vergleichende Anatomie nennt eine Reihe von Merkmalen, die den Menschen enger zu den Schimpansen und Gorillas als zu anderen Menschenaffen zu rücken scheinen. Beispielsweise unterscheidet sich bei einer Gorillaart – bei dem Berggorilla aus den Hochlandwäldern westlich des Tanganjika- und des Albertsees und in den Virunga-Bergen – der Fuß stark von dem handähnlichen Fuß anderer Menschenaffen; er weist gewisse Ähnlichkeiten mit dem menschlichen Fuß auf.

Es ist vielleicht unfair, dieses Merkmal überhaupt zu erwähnen, weil es, wenn man es als Beweis für eine spezielle Verwandtschaft mit dem Menschen betrachtet, zu offensichtlich lächerlichen Konsequenzen führt. Wir müßten diesen Fuß dann nämlich als den primitiven Fußtyp bei Gorillas (vielleicht auch bei Schimpansen) betrachten, der in der Entwicklungsgeschichte der afrikanischen Menschenaffen 20 Millionen Jahre zurückreicht, den handähnlichen Fuß der Schimpansen und Niederungsgorillas dagegen als abgeleitete Formen. Wenn man jedoch sieht, daß andere Menschenaffen ebenso wie Tieraffen ebenfalls handähnliche Füße haben, wird eine solche Interpretation überaus unwahrscheinlich. Der Fuß des Berggorillas ist offenbar konvergent im Hinblick auf den menschlichen Fuß als Anpassung an die Bewegung, die mehr auf dem Boden als in den Bäumen vor sich geht.

Aber es gibt noch andere und vielleicht wichtigere Merkmale. So sieht beispielsweise das Ohr des Gorillas mit dem freihängenden Ohrläppchen dem menschlichen Ohr sehr ähnlich. Auch die breitere Hand mit den verhältnismäßig kurzen Fingern weist viel Ähnlichkeit mit der des Menschen auf. Die Arme sind nicht übermäßig lang, die Beine

nicht allzu kurz. Junge Gorillas können sich aufrichten und auf fast menschliche Weise gehen; dabei ruht der Fuß auf der Sohle, nicht auf der Außenkante. Überdies ähneln die männlichen Geschlechtsorgane denen des Menschen, wenn ihre Größe auch bescheidener ist.
Diese Merkmale ergänzen natürlich jene anderen anatomischen Charakteristika, die beweisen, daß die Menschenaffen im allgemeinen mit dem Menschen verwandt sind. Sie zeigen, daß Menschen und Affen tatsächlich einen gemeinsamen Ursprung haben. Aber der Verlauf, die Zeit und der Ort der Evolution können durch Beweismaterial dieser Art nie genau festgelegt werden. Das vermag nur die historische Beweisführung, und die wird von der Paläontologie gegeben. Es ist wichtig, das noch einmal nachdrücklich zu betonen, weil sich Evolutionstheorien, die sich auf solch unhistorisches (nichtfossiles) Beweismaterial stützen, so häufig als völlig falsch erweisen. Ein klassisches Beispiel ist die Vorstellung, daß sich Knochenfische aus Knorpelfischen entwickelt hätten, weil diese verhältnismäßig niedrigstehenden heutigen Haie und Rochen ein knorpliges Skelett haben, während die heute am höchsten entwickelten Fische knochig sind. Die fossilen Urkunden dagegen zeigen, daß die ersten bekannten Fische bis zu einem gewissen Grade knochig waren und daß das knorplige Skelett mancher heute lebender Fische auf eine Knochenreduzierung zurückzuführen ist.
Einige Merkmale unterscheiden sich bei Menschenaffen und Menschen. Zweifellos sind sie nach der Trennung der beiden Entwicklungsreihen erworben worden und auf divergente Evolution zurückzuführen. Andere Merkmale wiederum sind gleich. Dann dürfen wir logischerweise annehmen, daß sie das Erbe von einem gemeinsamen Vorfahren sind, der diese Merkmale unbedingt gehabt haben muß. Hier genügt das Beispiel des Berggorillafußes, um zu zeigen, daß das nicht zutrifft. Die Ähnlichkeit ist nicht auf ein gemeinsames Erbe, sondern auf konvergente Evolution zu-

rückzuführen – auf Anpassung an eine ähnliche Funktion. Eine dritte Möglichkeit, ebenso wohlbekannt und in der Paläontologie überreich belegt, ist die parallele Evolution, durch die verwandte Entwicklungsreihen unabhängig voneinander ähnliche Merkmale erwerben, abermals dadurch, daß sie sich an ähnliche Lebensweisen anpassen. Bei der Parallelevolution bleibt, wie man sagen könnte, die Ähnlichkeit ungefähr die gleiche, obwohl sich beide Reihen weiterentwickeln. Bei konvergenter Evolution werden sich die beiden Entwicklungsreihen immer ähnlicher, bei divergierender Evolution immer weniger ähnlich.

Für diese Evolutionsweisen finden sich in der Geschichte der Menschenaffen gute Beispiele. Die Gibbons und die großen Menschenaffen sind divergent, doch in mancher Hinsicht weisen sie auch parallele Evolution auf. Beide entwickelten verschiedene ähnliche Anpassungen an das Schwinghangeln – Verlängerung der Arme und Finger und Reduzierung des Daumens, um einige Beispiele zu nennen. Der Schwanz ging in beiden Entwicklungsreihen verloren; die großen Menschenaffen hatten am Ende des Oligozäns noch einen Schwanz, die Gibbons noch im Miozän. Außerdem besteht in beiden Gruppen eine Neigung zum Größerwerden. Schließlich zeigt der Gorilla in mancherlei Hinsicht Konvergenz mit dem Menschen, besonders der Fuß des Berggorillas – ein Teil dieser konvergenten Merkmale ist vermutlich darauf zurückzuführen, daß dieser Affe vor allem auf dem Boden lebt.

An einer parallelen Evolution ist nichts Mystisches. Sie ist sofort zu verstehen, wenn man sich vor Augen hält, daß bei zwei ziemlich gleichen anatomischen und genetischen Ausstattungen die Veränderungsmöglichkeiten für beide einigermaßen die gleichen sind. Das müßte auch für die Chromosomen und für serologische Merkmale gelten. Die speziellen Ähnlichkeiten, die man zwischen den Menschen und den heutigen großen Menschenaffen findet, sind anders nicht zu erklären.

Eine Tendenz in der modernen Systematik, die Verwandtschaften zwischen verschiedenen Organismen zu bestimmen, geht dahin, daß man so viele Merkmale wie nur irgend möglich feststellt, ohne einem von ihnen besonderes Gewicht zu verleihen. Das steht im Widerspruch zur klassischen Systematik, in der bestimmte Schlüsselcharakteristika als die wichtigsten betrachtet wurden. Die neue Methode hat ihre Vorzüge, kann jedoch auch zu Fehlern führen. Sie geht von der Annahme aus, alle Evolution sei divergent, und gerät in Verwirrung, wenn parallele oder konvergierende Evolution auftritt.

Beispielsweise scheint es so, wenn man Menschen und Gorillas auf diese Weise vergleicht, als ob der Mensch mit dem Berggorilla etwas näher verwandt wäre als mit dem Niederungsgorilla, obwohl sich tatsächlich die menschliche und die Gorilla-Entwicklungsreihe voneinander trennten, lange bevor sich die Gorilla-Reihe in diese beiden Formen aufspaltete. Wir können also nicht auf Schlüsselmerkmale verzichten; zum Glück geben uns die Zähne alle notwendigen Schlüsselmerkmale, soweit es sich um Menschenaffen und Menschen handelt.

2. Ihre Lebensweise

Das Arsenal der Dartianer

Der Mensch ist definiert worden als das werkzeugherstellende Tier, und darin liegt tiefe Wahrheit trotz der Entdeckung, daß auch andere Geschöpfe, vor allem die Menschenaffen, Werkzeuge machen und verwenden. Werkzeuge und Wurfgeräte werden bei manchen Gelegenheiten von Schimpansen und Gorillas benutzt, und es gibt sogar Beispiele wahrer kultureller Traditionen unter ihnen. Beim Menschen ist das Herstellen und Verwenden von Werkzeugen und Waffen jedoch ein Hauptmerkmal geworden. Die adaptive Evolution des Menschen ist seit mindestens 2 Millionen Jahren von seiner Beschäftigung mit Werkzeugen beherrscht worden, und darin ist er einzigartig.

Die Fähigkeit, steinerne Werkzeuge herzustellen, muß seit mindestens 2 Millionen Jahren ausgeprägt sein, denn das ist das radiometrisch festgestellte Alter der frühesten, Werkzeuge enthaltenden Fundstätten in der Olduvai-Schlucht. Die ersten Werkzeuge, von denen man sagen kann, sie sind bewußt gefertigt worden, bestehen aus Geröllkieseln, von denen ein oder ein paar Splitter abgeschlagen worden sind, so daß sich eine scharfe Kante bildete. Wie diese primitiven »Hausteine« benutzt worden sind, ist nicht genau bekannt, doch man darf vernünftigerweise annehmen, daß sie dazu dienten, tote Tiere zu Nahrungszwecken zu zerlegen – Tiere, die die Dartianer erlegt oder schon tot gefunden hatten. Doch ein solches Allzweckgerät wird auch auf andere Weise und schließlich während der Mahlzeit dazu verwendet worden sein, die langen Knochen zu zerschlagen, um an das Mark heranzukommen.

Neben den »Hausteinen« sind jedoch noch mehrere andere Werkzeugtypen in diesen Ablagerungen gefunden worden. In erster Linie sind das Hammer- und Amboßsteine, die gebraucht wurden, um Steingeräte zuzuschlagen, doch es gibt auch Schaber mit ziemlich gleichmäßiger, steil abgeschlagener Arbeitskante, scheibenförmige Werkzeuge mit einer Schneidkante, die rundherum oder fast rundherum führt, vieleckige Geräte mit mehreren Schneidkanten und andere. Eine Anzahl völlig unbearbeiteter Kiesel könnten als Rohmaterial oder als Wurfgeschosse an Ort und Stelle mitgebracht worden sein – der Ort ist ein altes Seeufer, jetzt längst von späteren Sedimenten bedeckt. Diese Geräte weisen auf ein weit vielfältigeres Arsenal hin, als man ursprünglich vermutet hatte. Kürzlich sind übrigens Werkzeuge von noch höherem Alter in anderen ostafrikanischen Ablagerungen entdeckt worden, doch ins einzelne gehende Beschreibungen stehen noch nicht zur Verfügung.
Die Entdeckung von Überresten der Dartianer zusammen mit solchen Steingeräten in der Olduvai-Schlucht zeigen deutlich, daß diese Hominiden voll entwickelte Werkzeugmacher waren. Was die südafrikanischen Formen betrifft, so sind die endgültigen Beweise für das gleichzeitige Vorhandensein von Steingeräten und Dartianer-Überresten ziemlich spät gekommen, doch hat man auch hier nun solche Steinwerkzeuge im Sterkfontein-Tal entdeckt.
Es gibt auch Funde, die deutlich machen, daß die südafrikanischen Dartianer Werkzeug und Waffen anderer Art verwendeten. Wie Dart schon vor langer Zeit nachwies, weisen Pavianschädel aus den Dartianerhöhlen charakteristische Verletzungen auf, die darauf hindeuten, daß die Paviane durch einen Schlag mit einer schweren Keule getötet worden sind. Die Keule könnte das untere Ende des Oberarmknochens einer Antilope gewesen sein. Das massive, doppelkugelige Ende des Antilopenknochens paßte präzise in die Doppelfraktur der Schädel hinein, und das Beweismaterial ist von Gerichtsmedizinern überprüft worden.

Offensichtlich waren Paviane eine Lieblingsbeute. Um so kriegerische Tiere zu töten, mußten die Dartianer in Horden gejagt haben. In einer Sammlung von 58 Pavianschädeln fand Dart, daß 47 durch Schläge eines Rechtshänders von vorn, drei durch Schläge von Linkshändern und die übrigen acht durch rechtshändige Schläge von hinten getötet worden waren. Der Prozentsatz der Linkshändigkeit würde bei etwa 5 liegen, was der beim heutigen Menschen entspricht. Das Vorherrschen der Rechtshändigkeit ist also ein altes Erbe des Menschen.

Darts Untersuchung läßt eine Szene voller Ungestüm und Bewegung entstehen. In einigen Fällen gelang es den Dartianern, einen Pavian auf der Flucht niederzuschlagen, doch meistens wurden sie selbst in die Enge getrieben und mußten sich verzweifelt wehren.

Nachdem Professor Dart zu dem Schluß gelangt war, daß die Dartianer Knochengeräte verwendeten, erklärte er, die in den alten Höhlen gefundenen Knochen seien von Dartianern hineingebracht worden. Sie stellten sowohl Überbleibsel von ihren Mahlzeiten dar als auch rohe Waffen und Werkzeuge mancherlei Art. Die Dartianer hätten jene Teile ihrer Beutetiere gesammelt, die schon von Natur aus zum »Schlagen« oder »Beißen« geeignet waren. Die langen Knochen der Gliedmaßen konnten als Keulen benutzt oder zu scharfen und spitzen, stilettgleichen Waffen zerschlagen werden, ja sogar zu löffelähnlichen Schaufeln, die beim Essen verwendet werden konnten. Kiefer mit Zähnen konnte man als Schaber benutzen, und wenn sie spitze Eckzähne hatten, konnte man sie mit einem Heft zur Angriffswaffe machen.

Der Gedanke ist bestechend, doch es gibt noch eine andere Erklärung. Die Höhlen könnten auch von Raubtieren als Lager benutzt und ein Teil oder auch alle Knochen von ihnen hereingeschleppt worden sein. Tatsächlich wurden in mehreren der Höhlen zahlreiche Hyänen- und Leopardenknochen gefunden. Dart versuchte diese Möglichkeit wegzudiskutieren und sprach von einem »Hyänenmythos«; dabei behauptete er aufgrund einer Reihe von Untersuchungen von Hyänenlagern in der Nähe des Krüger-Nationalparks in Transvaal, daß Hyänen keine Knochen in ihren Lagern sammeln.

Das steht im Widerspruch zu den Beobachtungen, die William Buckland im Jahr 1823 gemacht hat. Aus ihnen geht deutlich hervor, daß die ungeheure Zahl von Hyänen- und anderen Knochen in einigen europäischen Höhlen aus der Eiszeit von der ständigen Benutzung dieser Höhlen als Lager durch Hyänen stammten. Es waren nicht nur die Knochen alter Tiere, die sich dort verkrochen, um zu sterben, sondern auch die von hilflosen Hyänenjungen, die ihre Mutter verloren hatten, und schließlich Massen von Knochen, die Überbleibsel ihrer Mahlzeiten. Große Mengen der charakteristisch kalkigen Hyänenexkremente wurden ebenfalls gefunden. Um den Schluß zu vermeiden, daß die Hyänen ihr eigenes Lager beschmutzt hätten, können wir vielleicht annehmen, daß sich die Exkremente im Augenblick des Todes noch in den Därmen der Hyänen befunden haben.

Ähnliche Beobachtungen wurden von zahlreichen späteren Forschern gemacht. Vor dem Zweiten Weltkrieg entschloß sich H. Zapfe aus Wien zu Versuchen mit Hyänen und anderen Raubtieren im Wiener Zoo, an die er Knochen verfütterte, um festzustellen, wie die Knochenreste nach der Mahlzeit aussahen. Wie man erwarten durfte, erwiesen sich die Hyänen als Fachleute in der Kunst der Knochenzerkleinerung; darin waren sie allen anderen Raubtieren weit überlegen. Doch darüber hinaus war die Behandlung eines jeden Knochens immer charakteristisch: Sie brachen ihn auf eine unveränderliche Weise auf, so daß das nahrhafte schwammige Gewebe und das Mark freigelegt wurden. Die Überbleibsel von Hyänenmahlzeiten erwiesen sich als leicht identifizierbar – und genau die gleichen Knochenformen wurden in den Hyänenhöhlen der Eiszeit gefunden.

Das Bemerkenswerte ist, daß so viele von diesen Knochen

auf eine Weise zersplittert sind, daß scharfe Kanten oder Spitzen entstanden und sie dadurch so aussehen wie etwas, was absichtlich von Menschenhand angefertigt worden ist. Ferner zeigen neuere Untersuchungen von A. J. Sutcliffe, daß wilde Hyänen in Uganda, Tansania und Kenia Knochenstücke verschlingen und später wieder auswürgen; diese Stücke können sehr erheblich von Magensaft und -bewegung angegriffen sein. In den ausgewürgten Knochen konnte man vollkommen runde Löcher finden, und andere Knochen sahen aus, als ob sie absichtlich zusammengefügt worden wären.

Sutcliffe grub auch die Lager mehrerer Gefleckter Hyänen aus und fand, daß sie Knochen in großer Zahl enthielten, die auf diese charakteristische Weise behandelt waren. Zu dem Material gehörten auch viele Menschenknochen von den benachbarten Friedhöfen.

Die Verteidigung der »Knochen-, Zahn- und Hornkultur« der Dartianer darf sich nicht darauf stützen, bewiesene Tatsachen zu leugnen. Das angemessene Verfahren wäre, die in Dartianer-Höhlen gefundenen Knochen mit experimentell oder natürlich erzeugten Knochenfragmenten aus Hyänen- und anderen Raubtiermahlzeiten zu vergleichen. Tatsächlich wurde von E. Thenius gezeigt, daß eine große Zahl der Fragmente von Makapansgat die typischen Merkmale der von Hyänen zerbissenen Knochen aufwiesen. Doch andere Beobachtungen deuten wiederum darauf hin, daß ein Teil des Materials – beispielsweise die zerschlagenen Pavianschädel – eine andere Geschichte haben könnte. Wie die Angelegenheit jetzt steht, scheint es, daß sowohl die Dartianer als auch Raubtiere für die Knochenansammlungen in den Höhlen des Transvaal verantwortlich sind.

Einen interessanten Vergleich zwischen den Knochenbruchstücken in Makapansgat und denen der weit jüngeren Fundstätte Kalkbank haben Dart und J. W. Kitching angestellt. Die Fundstätte Kalkbank wurde vor etwa 15 000 Jahren von Menschen des heutigen Typs bewohnt, die den Dartianern von Makapansgat kulturell natürlich weit überlegen waren. Dennoch waren die Knochenfragmente in beiden Fundstätten von genau dem gleichen Typ. Ein solcher Konservativismus des Kalkbank-Menschen erscheint nahezu unglaublich. Wenn die Knochen dagegen von Raubtieren zerbrochen worden wären, erschiene die Ähnlichkeit natürlich.

Ich habe diese Kontroverse eingehend erörtert, um die Schwierigkeiten zu veranschaulichen, in die wir geraten, sobald wir versuchen, uns Vorstellungen von den Wechselwirkungen zwischen dem Frühmenschen und seiner Umwelt zu machen. Und dennoch wissen wir viel über die Dartianer im Vergleich zu dem, was vor ihnen war.

Es ist sogar bezweifelt worden, daß die Dartianer überhaupt Höhlen als Wohnstätten benutzt hätten. Wie K. P. Oakley betont hat, wäre der Besitz des Feuers entscheidend wichtig für Höhlenbewohner gewesen; ohne Feuer als Schutz gegen Raubtiere ist eine Höhle ebensosehr Falle wie Obdach. Aber es gibt keine schlüssigen Beweise dafür, daß die Dartianer Feuer zu benutzen verstanden: es gibt keine Feuerstellen, keine Holzkohle, keine verkohlten Knochen. Allerdings wurde 1925 freier Kohlenstoff in einem Gesteinsstück des Kalksteinbruchs Makapansgat entdeckt, und diese Entdekkung wurde als Beweis für die Feuerverwendung durch die grazilen Dartianer genannt, deren Fossilien viele Jahre später an dieser Fundstätte ausgegraben worden sind. Doch als neue Analysen angestellt wurden, fand man keinen Kohlenstoff, so daß es doch nicht so aussieht, als ob die Dartianer von Makapansgat Feuer benutzt hätten.

Bedeutet das nun, daß sie Höhlen nicht als Wohnstätten verwendet haben können? Nicht unbedingt. Eine Höhle kann immer noch ein leichter zu verteidigender Ort sein als ein improvisierter Schutzbau wie die Steinhütten, die Dartianer in der Olduvai-Schlucht errichtet haben. Wahrscheinlich ist auch der Schutz, den das Feuer gewährt, ein wenig überschätzt worden. Beispielsweise vermerkt R. Perry, es sei bekannt, daß Tiger, Leoparden und Hyänen in durch Feuerstellen geschützte Kamps eingedrungen seien.

Die Welt der Dartianer

Lebten die Dartianer in offener Landschaft oder in den Wäldern? Wir sahen, daß ihre Werkzeuge und Waffen die von Jägern und Fleischessern waren. Aber welche Tiere haben sie gejagt? Und gab es auch Tiere, die Jagd auf die Dartianer machten? Erreichten sie ein hohes Alter, oder starben sie gewöhnlich in der Blüte ihres Lebens? Um diese Fragen zu beantworten, müssen wir die fossilen Dokumente betrachten.

Ob die Dartianer auf der Steppe, der Savanne oder im Wald gelebt haben, hängt von der Regenmenge ab. Es gibt verschiedene Wege, das Problem zu untersuchen.

Zunächst kann man die als Fossilien bewahrten Tiere betrachten und feststellen, ob diese Geschöpfe Waldbewohner waren oder offenes Land bevorzugten. Wenn man beispielsweise Mengen von Flußpferd- und Krokodilknochen findet, ist die Annahme vernünftig, daß große Gewässer in der Nähe waren und mindestens ein Waldgürtel Seen oder Wasserläufe begleitete. Ein Überwiegen von Antilopen und anderen grasfressenden Tieren spricht dagegen für offene Ebenen.

Finden sich Pflanzenfossilien, so werden sie hilfreich sein. Ein wichtiger Hinweis ist das Vorhandensein fossiler Pollenkörner. Diese lassen sich manchmal in großen Mengen finden und können ein recht detailliertes Bild des Pflanzenwuchses in diesem Gebiet ergeben. Man kann jedoch auch die Ablagerungen selbst studieren, denn auch sie geben Hinweise auf die Verhältnisse, unter denen sie abgelagert wurden. Gestein, das sich unter trockenen oder aber feuchten Bedingungen bildete, unterscheidet sich beispielsweise stark in seinen physikalischen Merkmalen voneinander. Gesteine, die von jahreszeitlich fließenden Gießbächen in einem Klima mit abwechselnd trockenen oder feuchten Jahreszeiten gebildet wurden, lassen sich auch von denen unterscheiden, die sich in gleichmäßig gut bewässertem Klima entwickeln, und so fort.

In den Höhlen des Transvaal untersuchte C. K. Brain die Beschaffenheit der Sandkörner in den Ablagerungen. Unter anderem studierte er die Beschaffenheit ihrer Kanten. Bei trockenem Klima bleiben Böden auf Hügelhängen lange liegen, und die Sandkörner in solchen Böden schleifen sich mehr oder weniger glatt ab. Ist das Klima dagegen feucht, werden die Böden weggewaschen und gelangen mit den ursprünglichen scharfen Kanten in die Höhlen. So konnte Brain die Regenmenge im Sterkfonteintal zur Zeit der Dartianer abschätzen.

Mit Hilfe dieser und anderer Methoden zeigte Brain, daß die Dartianer vom Sterkfontein-Typ in einer Zeit mit recht trockenem Klima lebten, während sich die späteren Ablagerungen von Swartkrans und Kromdraai – mit robusten Dartianern – in einem weit feuchteren Klima als heute bildeten; vermutlich war ein großer Teil ihres Lebensraumes dicht bewaldet. Danach würde also ein Unterschied zwischen den beiden Dartianertypen bestehen: Die grazile Form bevorzugte offenes Gelände, während die robusten Dartianer Waldmenschen waren.

Betrachtet man die Tierfossilien in der Höhlenablagerung, dann ist das Ergebnis das gleiche. Frau R. F. Ewer, die die fossilen Schweine untersuchte, gelangte zu dem Schluß, daß die hier gefundenen Formen recht spezialisierte Grasfresser waren. Es mußte also offenes Gelände in der Gegend

Das Olduvai-Gebiet in Ostafrika zur Zeit der Dartianer. Der Vulkan im Hintergrund ist der Ngorongoro, der damals noch einen großen Kegel bildete. Heute steht nur noch die ausgeblasene Hülle. Die Rüsseltiere links sind Dinotherien. In der Mitte sind Antilopen und rechts Dartianer zu sehen.Die geweihtragenden Giraffen (Sivatherien) rechts in der Ferne sind kaum noch zu erkennen.

gegeben haben. Flußpferde finden sich nicht, also gab es wahrscheinlich keine größeren Flüsse. Doch in der feuchteren Phase erscheinen wasserliebende Schleichkatzen in den Fossilien und zeigen an, daß das Tal einen Fluß von einiger Größe gehabt haben muß.

In Makapan – mit seinen grazilen Dartianern – sind wir offensichtlich der weiten offenen Ebene sehr nahe, denn dort gibt es eine ungeheure Zahl fossiler Antilopen der verschiedensten Art. L. H. Wells und H. B. S. Cooke sagen, diese Ablagerungsstätte habe vermutlich in einem buschbewachsenen Tal gelegen, das sich auf die nahen Ebenen öffnete.

Ist damit ein tiefverwurzelter Unterschied in der Lebensweise der beiden Dartianerarten bezeichnet? J. T. Robinson hat auf eine ganz eigentümliche Erscheinung in der Abnutzung der Zähne bei den robusten Dartianern hingewiesen, die sich bei der grazilen Form nicht findet. Der Schmelz zeigt an vielen Stellen leichte Absplitterungen. Das scheint daran zu liegen, daß ihre Nahrung mit feinem oder gröberem Sand vermischt war. Robinson glaubt, daß die robusten Dartianer überwiegend Vegetarier waren und daß Pilze, Wurzeln und Knollen vielleicht einen bedeutenden Teil ihrer Nahrung ausgemacht haben.

Falls die robusten Dartianer tatsächlich überwiegend von Pflanzen lebten, dann würde das die Notwendigkeit großer Backenzähne und riesiger Kaumuskeln erklären, denn ungekochte Pflanzennahrung dieser Art erfordert sehr viel mehr Zerkleinerung durch Kauen als rohes Fleisch. Doch das heißt natürlich nicht, daß sie eingeschworene Vegetarier gewesen sein müssen. Vermutlich ernährten sich die robusten Dartianer von allem, was sie fanden, und dazu gehörte gewiß auch tierische Nahrung, wenn sie zur Verfügung stand.

Wie schon erwähnt, liegen die Fundstätten von Olduvai am Ufer eines alten Sees, wo sich Dartianerhorden häufig für einige Zeit aufhielten, ehe sie weiterzogen. Felsbrocken mögen zusammengeschleppt und rohe Hütten oder Schutzwände daraus gebaut worden sein, die dann mit Zweigen gedeckt wurden. Auf dem Boden der näheren Umgebung werden Steinwerkzeuge der bereits beschriebenen Art und Abfälle verstreut gelegen haben, zu denen auch die »Abschläge« von der Anfertigung neuer Steinwerkzeuge, Reste der Mahlzeiten dieser Dartianer und gelegentlich wohl auch Leichen der Dartianer selber gehörten.

Außer Pavianen jagten die Dartianer viele andere Tiere, darunter Schildkröten, Eidechsen, Schlangen und vermutlich verschiedene Insekten. Straußeneier sind sehr häufig an den Olduvai-Fundstätten. Überreste anderer Vögel sind reichlich vorhanden, aber noch nicht in allen Einzelheiten untersucht worden. Auch kleine Säugetiere wurden gefangen – Igel, Fledermäuse, Mäuse, Erdhörnchen, Stachelschweine, Hasen und so fort (aber Hasen sind nicht häufig, da sie wahrscheinlich zu schnellfüßig waren). Nahrung dieser Art sagte vermutlich den grazilen Dartianern ebenso zu wie den robusten. Wenn es allerdings zu den größeren und gefährlicheren Tieren kam, mag die unbeholfenere und weniger menschenähnliche robuste Form dem beweglicheren Vetter gegenüber im Nachteil gewesen sein.

Nach allem uns zur Verfügung stehenden Beweismaterial müssen die afrikanischen Ebenen jener Zeit eine unglaublich reiche Tierwelt gehabt haben, die selbst die ostafrikanischen Ebenen von heute an Reichtum und Vielfalt ihrer großen Säugetiere übertroffen hat. Es hat sich gezeigt, daß Grasland von diesem Typ eine größere Menge jagdbaren Wildes je Quadratkilometer ernähren kann als jedes andere Milieu. Es ist also nicht überraschend, die Dartianer hier zu finden. Und die Funde von Steinwerkzeugen der Dartianerzeit scheinen tatsächlich auf Gebiete der Steppe oder Savanne beschränkt zu sein.

Es gibt zahlreiche Antilopen der verschiedensten Arten, unter denen wir die Vorfahren noch heute lebender Typen wie auch völlig ausgestorbene Formen finden. Doch außerdem gibt es eine Vielfalt anderer Großwildarten.

Die größten Geschöpfe hier sind die Elefanten und ihre Verwandten. Manche sind echte Elefanten, die mit der heutigen afrikanischen und indischen Art verwandt sind. Andere gehören zu der viel älteren Mastodontengruppe, doch diese wurden in Afrika bereits selten. Diese Tiere sahen den Elefanten, wie wir sie heute kennen, recht ähnlich, waren jedoch im allgemeinen kurzbeiniger und ihre Zähne primitiver.

Eine der bemerkenswertesten Formen war das *Dinotherium* mit den Stoßzähnen im Unterkiefer, während die heutigen Elefanten diese im Oberkiefer tragen. Die Dinotherien mit ungeheuren, hauerartig nach unten und hinten gekrümmten Stoßzähnen müssen wirklich imponierend gewesen sein, langbeinig, hochgewachsen, mit entsprechend langem Rüssel; doch beweisen Steinwerkzeuge, die man in den Resten eines dieser Tiere in der Olduvai-Schlucht gefunden hat, daß sie von den Dartianern erlegt worden sind. Natürlich könnten manche der großen Tiere auch von Raubtieren gerissen worden sein, ehe sie sich eine Dartianerhorde aneignete.

Die den Dartianern bekannten Rhinozerosse sind das zänkische Schwarze und das friedlichere Weiße Nashorn, die auch heute noch in Afrika leben. Zu den Pferden gehören sowohl zebraähnliche Formen wie auch das heute ausgestorbene dreizehige Hipparion, das im Pliozän in riesigen Herden durch die ganze Alte Welt streifte. Eine verwandte, jedoch inzwischen völlig ausgestorbene Gruppe waren die Chalicotherien – große, pferdeähnliche Tiere, die aber ungeheure Klauen statt der Hufe hatten. Diese schwerbewaffneten Tatzen haben sich gewiß für mehr als einen Dartianer als tödlich erwiesen.

Giraffen, den heutigen schon sehr ähnlich, waren bereits vorhanden, doch daneben gab es riesige Giraffen mit Geweih, die *Sivatherien* – wie viele andere fossile Säugetiere nach den indischen Siwalik-Bergen benannt, deren Name wiederum an die Hindugottheit Schiwa, den Tänzer, Patron des Schauspiels, der Waffenschmiede und der Wissenschaften, erinnert. Trotz ihrer ungeheuren Größe sind die Sivatherien anscheinend wiederholt von den Dartianern angegriffen und erlegt worden.

In der Nähe der Seen und Flüsse waren Flußpferde häufig, während es auf den Ebenen, im Busch und im Wald von Schweinen verschiedener Art wimmelte. Es gab Schweine, die mit den heute in Afrika vorkommenden verwandt waren – mit den Flußschweinen, Waldschweinen und Warzenschweinen –, sowie inzwischen ausgestorbene Gruppen. Einige von diesen waren von gewaltiger Größe und müssen gefährliche Gegner gewesen sein.

Inmitten solch unerschöpflicher Großwildreservoire mußten sich die Dartianer zweifellos vor den großen Raubtieren ihrer Zeit vorsehen. Die gefährlichsten Feinde scheinen zum Stamm der Katzen gehört zu haben, denn es gibt keinerlei Anzeichen für das Vorhandensein etwa solcher Tiere wie der heutigen hyänenartigen Wildhunde, die, in großen Meuten jagend, fast die meisten Tierarten zu reißen vermögen.

Zu den großen Katzen der Dartianerzeit gehörten auch heute noch lebende Formen wie Leopard und Löwe – oder wenigstens Tiere, die deren unmittelbare Vorfahren waren – sowie viele ausgestorbene Gruppen. Unter diesen beschäftigt sich unsere Phantasie gewiß in erster Linie mit den bemerkenswerten säbelzähnigen Katzen, deren obere Eckzähne stark vergrößert waren und dazu benutzt wurden, die Beute wie mit Dolchen zu erstechen. Im Afrika der Dartianer war die typische Form der Katze die Dolchzahn-Katze, von der Größe eines Leoparden, jedoch weit schwerer. Im allgemeinen konnte ein wendiger Dartianer diesem Tier vermutlich entkommen.

Gefährlicher waren vielleicht die *Dinofelis*-Katzen, die die Größe eines Löwen erreichten, deren obere Eckzähne jedoch nur mäßig lang waren. Diese Tiere waren leichter gebaut als die Dolchzahn-Katzen, und man kann sich gut vorstellen, daß sie mehr als einen Dartianer gerissen haben.

Ein hoher Prozentsatz der afrikanischen Raubtiere zur Zeit der Dartianer gehörte dem Hyänenstamm an, besonders den Formen, die mit der heutigen Gestreiften und der Braunen Hyäne verwandt sind. Aber auch die Gefleckte Hyäne war vorhanden. Vielleicht läßt das Gedeihen der Hyänen Schlüsse zu darauf, wie ergiebig die afrikanischen Savannen jener Zeit an Säugetierfleisch und -knochen waren.

Eine besondere Hyänenart, die sich in einigen Ablagerungen findet, scheint eine Verwandte der zur gleichen Zeit lebenden europäischen Jagdhyäne gewesen zu sein. Für die europäische Form haben wir mehr – fast vollständiges – Material, und es handelt sich dabei um ein ganz erstaunliches

Tier. Diese Hyäne muß ein unglaublich schneller Läufer gewesen sein – vergleichbar dem heutigen Gepard –, und sie riß ihre Beute wahrscheinlich auf ähnliche Weise nach einer kurzen, rasenden Hetzjagd.
Sowohl im Olduvai-Gebiet als auch im Transvaal wurde das Leben der Dartianer von den Wechselwirkungen zwischen Mensch und Tier beherrscht. Die häufigste Todesursache wird vermutlich die Begegnung mit einem der gefährlichen Raubtiere gewesen sein. Andere Bedrohungen waren vielleicht Überfälle rivalisierender Stämme. Wir haben Beweismaterial, das darauf hindeutet, daß manche Dartianerschädel auf die gleiche Weise eingeschlagen worden sind wie die der Paviane.
Im Olduvai-Gebiet, überragt von dem gewaltigen Vulkan Ngorongoro, von dem heute nur noch die ausgeblasene Hülle vorhanden ist, gab es noch eine andere Gefahr. Einige der Ablagerungen aus Dartianerzeiten sprechen beredt von katastrophalen Vulkanausbrüchen, bei denen die glühende Wolke aus überhitzter Lava und brennendem Gas in unglaublicher Geschwindigkeit die Hänge herabraste und alles vernichtete, was sich ihr in den Weg stellte. Doch die Zeitabstände zwischen solchen Ausbrüchen waren zu groß, als daß die Dartianer sie von einem Ausbruch zum anderen im Gedächtnis behalten hätten.
Doch was auch die Todesursachen gewesen sein mochten, das Leben der Dartianer war kurz. Von den grazilen Dartianern in den Höhlen Transvaals starb über ein Drittel (35 Prozent), ehe sie erwachsen waren. Die robusten Dartianer von Swartkrans und Kromdraai waren sogar noch schlimmer dran: Weit mehr als die Hälfte (57 Prozent) der Überreste stammen von Kindern und Jugendlichen.
Die Zahlen scheinen erschreckend, doch sie sind nicht nennenswert ungünstiger als bei anderen frühen Menschen. Beispielsweise starben etwa 55 Prozent der europäischen Neandertaler, ehe sie das zwanzigste Lebensjahr erreicht hatten. Deshalb besteht nach prähistorischen Maßstäben

im allgemeinen kein Grund für die Annahme, daß die Dartianer im Vergleich zu anderen schlechter zurechtgekommen wären.
Doch der Unterschied zwischen den grazilen und den robusten Dartianern könnte signifikant sein. Die robusten Dartianer von Swartkrans und Kromdraai gehörten vielleicht zu den Letzten ihres Stammes, und die hohe Sterblichkeit könnte darauf hinweisen, daß der Druck der Umwelt auf sie wuchs. P. V. Tobias, von dem diese Schätzungen der Dartianersterblichkeit stammen, meint, daß die robusten Dartianer aus den späteren Zeiten im Sterkfontein-Tal eher die Gejagten als die Jäger gewesen sein könnten und daß sie weiter fortgeschrittenen Menschenarten zum Opfer fielen. Über diese Möglichkeit werden wir in einem anderen Kapitel ausführlicher sprechen.

Die Welt des Ramapithecus

Der Anfang des Pliozäns in der Alten Welt (vor 12 Millionen Jahren) wird von der Einwanderung einer neuen Pferdeart, des *Hipparions*, charakterisiert – ein neuer Sproß aus dem Zentrum der Pferde-Evolution, Nordamerika. Bis dahin war Eurasien von kleinen, laubfressenden Waldpferden, den *Anchitherien*, bewohnt. Auch sie stammten aus Nordamerika und gelangten im frühen Miozän, vor etwa 25 Millionen Jahren, in die Alte Welt. Die neuen *Hipparionen* waren etwas größer, und ihre Backenzähne waren dem Grasen gut angepaßt; deshalb konnten sie die großen Grassteppen besiedeln, die sich im Miozän und Pliozän entwickelten, als das Klima trockener wurde. Beide Pferdeinvasionen benutzten vermutlich die gleiche Route, eine Landbrücke zwischen Alaska und Sibirien in der Gegend der heutigen Beringstraße.

Obwohl die Hipparionen weiter entwickelt waren als die alten Anchitherien (und diese allmählich verdrängten), besaßen sie doch noch, wie ihre Vorgänger, an jedem Fuß drei Zehen, während die heutigen Pferde einzehig sind. Fossile Überbleibsel von Hipparionen sind sehr häufig in den pliozänen Ablagerungen Europas, Asiens und Afrikas. Anscheinend bildeten diese kleinen Pferde große Herden, ganz so wie die heutigen Zebras, und mischten sich mit großen Gruppen von Antilopen, Mastodonten und anderen Tieren auf den Savannen und Steppen. In gewisser Weise bezeichnet die Zeit dieser bemerkenswerten »Hipparion-Fauna« den Höhepunkt des Säugetierlebens in der Alten Welt. Der Reichtum an Arten und Einzeltieren muß erstaunlich gewesen sein, wenn man nach den ungeheuren Mengen von Fossilien aus dieser Zeit urteilt, die in China, Indien, Europa und Nordafrika ausgegraben worden sind.

Doch trotz dieser ungeheuren Zahl von Arten und Einzeltieren suchen wir in den Steppen- und Savannenfaunen dieses Zeitalters vergeblich nach Hominiden. *Ramapithecus* fehlt völlig. Alle Funde dieses Hominiden finden sich nur zusammen mit den Überresten von Waldtieren.

Das ist beispielsweise der Fall bei der Nagri-Fauna in den Siwalik-Bergen, die I. Tattersall kürzlich analysiert hat. Hipparionen sind zwar vorhanden, doch das besagt wenig über die Umwelt, da wir wissen, daß diese Pferde im Wald ebenso zu Haus waren wie in der Wüste. Wichtiger ist das Vorhandensein waldbewohnender Menschenaffen und anderer Primaten. Es finden sich auch Dinotherien, deren Gebiß vom primitiven Laubfressertyp war, Schweine und schweineähnliche Geschöpfe, die Anthracotherien heißen, Waldnashörner und Moschustiere. Im Siwalik-Fluß wimmelte es von Krokodilen. Palmen waren häufig. Aus der Analyse der Sedimente ergeben sich die gleichen Schlüsse:

Eine europäische Waldszene vor etwa 10 Millionen Jahren, die möglicherweise die Umwelt des Ramapithecus *war. Im Vordergrund primitive Hirsche (Dicrocerus); in der Mitte okapiähnliche Giraffiden (Samotherium).*

das Gebiet scheint gut bewaldet gewesen zu sein und einige offene Lichtungen aufgewiesen zu haben. Der jahreszeitliche Regen fiel reichlich.

Die Funde im südlichen China stammen aus einem Braunkohlenlager, das auf eine Sumpfwaldumwelt hinweist. Zu den dort lebenden Tieren – von denen man im Augenblick leider noch wenig weiß – gehörten Affen, Schweine und Mastodonten. Dagegen fehlt *Ramapithecus* in den ungeheuer reichen Steppenfaunen Nordchinas, in den Provinzen Schansi, Schensi und Kansu.

Auch in Europa tritt *Ramapithecus* in einer Waldumwelt auf. Die Spaltfüllungen in Melchingen enthalten eine Waldfauna von dem gleichen Typ wie die reicheren Ansammlungen der Dinotheriensande in Süddeutschland. Hier findet man die Hipparionen noch in Gesellschaft mit den alten Anchitherien-Pferden, was vermutlich darauf hinweist, daß wir uns dem Anfang des Pliozäns noch sehr nahe befinden. Ferner gibt es Tapire, Chalicotherien mit ihren eigentümlichen Krallenfüßen, ungeheure, laubfressende Dinotherien, waldbewohnende Schweine mannigfacher Art und Größe, kleine Waldantilopen, Ottern, Biber und andere schwimmende Süßwassertiere und Affen der *Dryopithecus*-Gruppe.

Blicken wir schließlich nach Fort Ternan – wo die Fauna noch nicht vollständig untersucht worden ist –, dann sehen wir, daß alle Anzeichen darauf hindeuten, daß es sich auch hier um eine Waldumwelt handelte. Es gibt sowohl Gibbons (*Pliopithecus*) als auch die großen Menschenaffen (*Dryopithecus*) und sogar ein Geschöpf, das mit dem Sumpfbewohner *Oreopithecus* verwandt ist. Es finden sich eine Waldgazelle mit flachen Kronen der Backenzähne, was für Laubfressergewohnheiten spricht, andere Waldantilopen und ein Nashorn, offensichtlich ebenfalls Laubfresser.

Die Beweise sind also durchaus schlüssig. *Ramapithecus* war im Gegensatz zu seinem Nachkommen, dem grazilen Dartianer, ein Waldbewohner. Wir wissen jedoch nicht, ob *Ramapithecus* auf den Bäumen oder auf dem Boden lebte, obwohl in solchen Sumpfgebieten wie dem chinesischen Braunkohlenwald ersteres wahrscheinlicher ist.

Aufrecht, vierfüßig oder schwinghangelnd? Wir wissen es nicht, und wir werden es nicht erfahren, ehe wir nicht mehr von seinem Skelett besitzen. Man könnte sich natürlich vorstellen, daß er dem *Oreopithecus* ähnelte, der nahezu sicher auf den Bäumen lebte und sich vermutlich häufig durch Schwinghangeln fortbewegte. Doch das muß noch bewiesen werden.

Falls *Ramapithecus* auf den Bäumen lebte, fand der Übergang vom Kletterleben zum Leben auf dem Boden zwischen dem Stadium des *Ramapithecus* und dem der Dartianer statt oder, mit anderen Worten, zu irgendeiner Zeit vor entweder 12 bis 8 oder vor etwa 4 Millionen Jahren. Heute spricht ein großer Teil des anatomischen Beweismaterials dafür, daß die Vorfahren des Menschen einmal schwinghangelnde, baumbewohnende Wesen waren. Die Entwicklung der Arme, Schultern und des oberen Rumpfes, die für Menschen und Menschenaffen so typisch ist, unterscheidet sich völlig von der der eigentlichen Affen, deren Bau der eines typischen Vierfüßlers bleibt. Das ist fast sicher auf Anpassungen an das Schwinghangeln bei den Hominiden und den Menschenaffen zurückzuführen. Es spiegelt sich nicht nur im Skelett, sondern auch in den Arm- und Rumpfmuskeln wider, wie S. L. Washburn erklärt hat. Wahrscheinlich war diese Ähnlichkeit in der Anpassung eine der Hauptursachen für den Parallelismus der Evolution von Hominiden und Menschenaffen. Doch selbst wenn wir all das als wahr unterstellen, können wir einstweilen noch nicht sagen, ob es *Ramapithecus* oder ein noch früherer Hominide war, der diese Art der Bewegung in den Bäumen praktizierte.

Wie steht's mit dem Werkzeuggebrauch? Auch hier gibt es wenig an unmittelbaren Beweisen. Leakey berichtet über Funde von Antilopen-Langknochen, die anscheinend in noch frischem Zustand mit einem Stein zerschlagen worden waren.

Ferner gibt es noch das Problem der Eolithen. Das sind Feuersteinstücke, die so aussehen, als wären sie absichtlich zu bestimmten Zwecken zurechtgeschlagen worden. Da sie jedoch in Ablagerungen des frühen Pleistozäns und sogar schon des Pliozäns gefunden worden sind, könnten sie weit älter sein als die ältesten Behausteine aus der Olduvai-Schlucht. Beispielsweise wurden um die Jahrhundertwende große Mengen solcher Eolithen in Ablagerungen aus dem frühen Pliozän in Aurillac in Südfrankreich gefunden. Doch später stellte man fest, daß diese Absplitterungen von Steinen auch auf natürliche Einwirkungen zurückzuführen sein könnten und nur ganz zufällig hin und wieder werkzeugähnliche Formen aufwiesen. Also setzte man Zweifel in die Eolithen.

In den späten fünfziger Jahren jedoch versuchte A. Rust, den Eolithen wieder zu rehabilitieren. Er untersuchte die Stücke aus Aurillac und kam zu dem Ergebnis, daß etwa zehn Prozent der reichlich 7000 Feuersteine, die Westlake vor über einem halben Jahrhundert gesammelt hatte, unbedingt als Erzeugnisse zweckbestimmter menschlicher (oder Hominiden-) Arbeit zu erklären seien. Rust fand interessante Übereinstimmungen mit den weit jüngeren Eolithen der sogenannten Heidelbergkultur (aus den gleichen Fundstätten wie der berühmte fossile Heidelbergmensch), die etwa eine halbe Million Jahre alt sind. Hier ist das typische Werkzeug der sogenannte Nasenschaber, der einen Vorsprung in schnabel- oder nasenähnlicher Form zeigt. Nach Rust findet sich der gleiche Typ in Aurillac. Überdies erklärt Rust, diese Pliozän-Industrie sei so fortgeschritten, daß sie bereits eine lange Geschichte gehabt haben müsse: ihre Wurzeln müßten tief ins Miozän hineinreichen. Falls all dies zutrifft, müßte offensichtlich *Ramapithecus* der fragliche Werkzeugmacher gewesen sein.

Aber wenn man diese Möglichkeiten auch nicht summarisch zurückweisen kann, muß man doch zugeben, daß die meisten Autoren nicht bereit sind, Rust hierin zu folgen. Für sie sind sowohl die Heidelbergkultur als auch die Aurillac-Eolithen nichts anderes als zufällig abgesplitterte, durch natürliche Einwirkungen geformte Steine. Und vernünftigerweise sollte man wohl deutlich sagen, daß wir, bevor wir die Eolithen als von Hominiden geschaffene Gegenstände anerkennen können, mindestens dafür Beweise haben müssen, daß sie am gleichen Ort und gleichzeitig mit den Hominiden gefunden worden sind, die sie angeblich bearbeitet haben!

Anfänge in Afrika

Wenn die Umwelt des *Ramapithecus* auch einigermaßen gut bekannt ist, so läßt sich einstweilen doch noch wenig über jene sagen, in der der älteste vorstellbare Hominide, der oligozäne *Propliopithecus,* lebte. Gewiß, im Fayum findet sich eine reiche Fauna. Aber der größte Teil der fossilen Überreste stammt aus zwei genau definierten Stätten, die in großer Anzahl versteinerte Baumstämme enthalten, die einst hier gestrandet sind, als der Proto-Nil die Ablagerungen brachte, die jetzt den Dschebel Qatrani bilden. Dort gibt es eine sehr dicke untere Waldzone mit vielen Resten von Tieren aus dem frühen Oligozän – darunter den winzigen *Oligopithecus,* den ältesten Affen zwischen Menschen- und Tieraffen. Darüber liegt eine dünnere fossile Waldzone, in der die Knochen des Vorfahren der Menschenaffen, des *Aegyptopithecus,* gefunden worden sind.
Nach den einstweiligen Ergebnissen scheint es jedoch, daß mindestens die Mehrzahl der *Propliopithecus*-Reste in keiner der fossilen Waldzonen, sondern in den dazwischenliegenden Schichten aus dem mittleren Oligozän gefunden worden sind. Es besteht also immerhin die Möglichkeit, daß dieser kleine frühe Hominide – falls er das ist – in einer Umwelt wohnte, die sich von der der Affen aus dem Fayum unterschied. Diese waren nahezu sicher Waldbewohner. Und wie ist es dann mit dem *Propliopithecus?* Es bestehen gute Aussichten, daß wir das eines Tages wissen werden.
Das Auftreten all dieser höheren Primaten in Afrika zu einer Zeit, wo von den anderen Kontinenten nichts Derartiges

bekannt ist, erhält besondere Signifikanz im Zusammenhang mit dem, was wir von der Geographie der Vergangenheit wissen. Um das zu verstehen, müssen wir uns mit einigen Vorstellungen der modernen Geologie beschäftigen. Auch hier handelt es sich um Ergebnisse und Theorien der letzten Jahre.

Man nimmt heute an, daß die Erdkruste aus einer Anzahl starrer Schollen verschiedener Größe und Dicke besteht, die sich langsam im Verhältnis zueinander bewegen. Als die Kraft, die diese Bewegung zustande bringt, sieht man Konvektionsströmungen in der Schicht an, die unter der Kruste liegt und die man den Mantel nennt. Diese langsamen Strömungen befördern Wärme vom geschmolzenen Erdkern an die Oberfläche. An Wärme mangelt es nicht, denn der Vorrat wird ständig durch die Radioaktivität gewisser Elemente aufgefüllt, aus denen die Erde besteht.

Die Schollen bewegen sich ganz langsam, mit der Geschwindigkeit von ein bis ein paar Zentimetern im Jahr. Doch die Auswirkungen in der geologischen Zeit sind groß. Jedesmal, wenn sich zwei Schollen voneinander weg bewegen, tut sich zwischen ihnen ein Riß auf, der sich mit Material füllt, das aus dem Erdmantel aufsteigt. Wenn dies auf dem Meeresboden geschieht, erhalten wir eine Struktur wie den Mittelatlantischen Rücken mit seinem inneren Talriß. Auf dem Land ist das ostafrikanische und Jordansystem von Grabenbrüchen oder Talrissen ein Beispiel. Später öffnet dieser Riß einen Seeweg, wie das Rote Meer veranschaulicht.

Wenn sich die Schollen aufeinander zu bewegen, gibt es zwei Möglichkeiten: Entweder schiebt sich eine der Schollen unter die andere, sinkt abwärts und wird wieder zum Teil des Mantels, so daß sich in dem Gebiet ein Tiefseegraben bildet, oder die Erschütterung des Zusammenstoßes wird von den Krustenschollen selbst aufgenommen, und diese falten sich zu einer Gebirgskette auf.

Es gibt jedoch auch die Möglichkeit, daß die beiden Schollen in entgegengesetzter Richtung aneinander vorbeigleiten, wie es z. B. an der berühmten San-Andreas-Verwerfungslinie in Kalifornien der Fall ist. Hier geht die Bewegung ruckweise vor sich: es baut sich ein Streß auf, der sich darauf in einem Erdbeben entspannt, in dem sich die beiden Schollen gegeneinander verschieben.

Irgendwann vor mehr als 100 Millionen Jahren begann der Atlantik ebenfalls als ein solcher Riß. Es ist mittlerweile schlüssig bewiesen, daß Nordamerika in der geologischen Vergangenheit mit Eurasien verbunden war, während die südlichen Kontinente – Südamerika, Afrika, die indische Halbinsel, Australien und Antarktis – den anderen Superkontinent bildeten. Die beiden Superkontinente waren durch einen Ozean, das Tethysmeer, voneinander getrennt, der sich ostwärts weit öffnete, sich jedoch nach Westen zu verengte, wo Landbrücken den nördlichen und südlichen Superkontinent miteinander verbunden haben könnten.

Das war die Situation, als die große Reptilfauna der Jura- und der Kreideformation entstand, und da keine schwierigen Wanderungsschranken zu überwinden waren, war die Fauna auf der ganzen Welt ungefähr die gleiche. Wir finden im großen und ganzen die gleichen Dinosaurier in Afrika wie in Nordamerika.

Zu Anfang des Säugetieralters, als die Säugetiere ihre gewaltige Evolution und Modifikation begannen, herrschte eine völlig andere Situation. Zu jener Zeit waren die Superkontinente bereits zerbrochen und die Schollen weit genug auseinandergetrieben, um eine Anzahl von isolierten oder doch fast isolierten Landmassen hervorzubringen, von denen jede der Schauplatz eines eigenen Evolutionsdramas wurde. Ein solches Bruchstück des uralten südlichen Superkontinents war Afrika, das im frühen Tertiär von den anderen Kontinenten nahezu isoliert war. Im Oligozän wurde Afrika immer noch weithin von dort entstandenen Formen beherrscht, wenn auch einige wenige Einwanderer aus anderen Teilen der Welt eingedrungen waren.

Nun verstehen wir die reiche Fauna höherer Primaten im nordafrikanischen Oligozän, während solche Geschöpfe in anderen Teilen der Welt noch unbekannt waren. Afrika war bestimmt das ursprüngliche Evolutionszentrum der Tier-, Menschenaffen und frühen Hominiden der Alten Welt, ebenso wie Südamerika das der Faultiere und Ameisenbären, Nordamerika das der Pferde, Australien das der Känguruhs usw. war.

Es gibt in der Oligozänfauna Afrikas noch andere lokale Erzeugnisse. Neben den Primaten ist die wichtigste Gruppe die der Rüsseltiere, der *Proboscidae* – der Ordnung, die heute noch in den beiden Elefantenarten erhalten ist. Im Fayum finden wir die frühesten bekannten Mastodonten, noch sehr primitiv und von bescheidener Größe – mit einer Schulterhöhe von knapp 1,5 m. Sie besitzen eigentümliche, verlängerte Kiefer und sowohl oben als auch unten Stoßzähne. Hier gibt es auch die Vorfahren der gewaltigen Dinotherien späterer Tage, dazu einen kurzlebigen amphibischen Ast früher Rüsseltiere, deren Lebensweise der des heutigen Flußpferds geähnelt haben könnte. Außerhalb Afrikas finden wir nicht die geringste Spur von Rüsseltieren des Oligozäns; wir müssen deshalb annehmen, daß diese Säugetiere in Afrika entstanden sind.

Die größten Säugetiere des Fayum sind nicht die Rüsseltiere, sondern die ausgestorbenen Arsinoitherien, gigantische gehörnte Huftiere, die eine entfernte Ähnlichkeit mit den Nashörnern aufweisen. Sie starben bald darauf aus, doch die mit ihnen verwandten Klippschliefer sind bis in unsere Zeit erhalten geblieben. Das sind kleine Huftiere, von denen einige Arten kolonieweise Höhlen oder Erdbauten, andere hohle Bäume bewohnen. Manche dieser Klippschliefer aus dem Oligozän waren weit größer, fast so groß wie ein Tapir. Ebenso wie die Rüsseltiere, Arsinoitherien und Klippschliefer sind auch einige der großen, flügellosen, bodenbewohnenden Vögel, deren Überreste man in den gleichen Schichten findet, afrikanischen Ursprungs.

Die Umwelt des Propliopithecus*? Ufer des Proto-Nils vor über 30 Millionen Jahren: Die großen gehörnten Geschöpfe im Mittelgrund sind* Arsinoitherien. *Links vorn das primitive Rüsseltier* Moeritherium. *Ein Riesenklippschliefer,* Megalohyrax, *wird von dem langschnauzigen Krokodil* Tomistoma *erschreckt.*

Es gibt auch einige Einwanderer aus Eurasien: ein paar Anthracotherien und andere schweineartige Formen, einige Nagetiere und eine Reihe primitiver Raubtiere. Doch die überwiegende Mehrzahl der typischen eurasischen Landtiere des Oligozäns fehlen – alle Unpaar- und die meisten Paarhufer, die Hasenartigen, die höheren Raubtiere und die meisten Nagetiere und Insektenfresser. Das zeigt, daß Afrika fast isoliert gewesen sein muß. Höchstens kann es spärliche Kontakte über eine schmale Landbrücke oder eine Inselkette, möglicherweise auch über einen Wüstengürtel gegeben haben. In jedem Fall aber war der Austausch durch wandernde Populationen von Landsäugern während der Zeit des Oligozäns zwischen Eurasien und Afrika sehr beschränkt.

Im Miozän und Pliozän fand dagegen ein reger Austausch von Landsäugern statt. Das ist die Zeit, als Rüsseltiere,

Menschenaffen und schließlich auch eigentliche Affen und Hominiden von Afrika ausschwärmten, um sich neue Lebensräume in Europa und Asien zu erobern. Gleichzeitig drangen eurasische Tiere vielfältiger Art nach Afrika ein, wodurch ein großer Teil der ursprünglichen Bevölkerung dort ausstarb – etwa die Arsinoitherien und die Riesenklippschliefer.
Afrika ist also das Land, aus dem die Hominiden stammen. Ihr Entstehen, ihre Evolution und ihre Wanderung durch Raum und Zeit gehören zu dem großen Prozeß, der allmählich die Geographie der Welt verändert, der alte Kontakte zerstört und neue bildet, der Kontinente zu treibenden Archen Noah macht und sie zu Landungen in sich ständig wandelnden Umwelten führt.

Tal der Schatten

Es ist soviel über den Übergang vom Leben in den Bäumen zu einem aufrechten, zweibeinigen Dasein auf dem Boden geschrieben worden, daß wir versucht sein könnten, es uns als eine Art Schattental vorzustellen, das künftige Hominiden in einem einzigen tollen Ansturm durchqueren, um dadurch in einen Garten von grünem Gras in strahlender Sonne zu gelangen. Der Übergang wird als eine Evolutionsphase betrachtet, in dem die Prähominiden »besonders verletzlich durch Raubtiere und andere Umweltgefahren« waren. Für diese Ansicht kann es verschiedene Gründe geben. Einer wäre der, daß die aufrechte Haltung – notwendig für Gehen und Rennen – noch nicht so gut funktionierte wie bei den modernen Hominiden. Ein anderer der, daß die Eckzähne kleiner geworden und für Angriff und Verteidigung nicht mehr geeignet waren. Auch die Hände waren noch primitiv und hatten erst wenige Werkzeuge der gröbsten Art hergestellt. Das Gehirn war noch verhältnismäßig unentwickelt.

Wenn diese hypothetische Situation theoretisch auch vielleicht möglich ist, muß sie doch als äußerst unwahrscheinlich betrachtet werden. Und solange kein entgegenstehendes Beweismaterial vorgelegt werden kann, sollten wir besser als gegeben voraussetzen, daß die Vorfahren der Hominiden ihrer Lebensweise gut angepaßt waren und ein höchst erfolgreiches Dasein führten. Das gilt vermutlich ebenso für den Übergang vom Leben in den Bäumen zum Leben auf dem Boden wie vom vierfüßigen zum zweifüßigen Gang. Die Logik, die dieser Annahme zugrunde liegt, ist deutlich: Eine Population, die ihrer jeweiligen Lebensweise schlecht angepaßt ist, erhält nur eine sehr geringe Chance, sich zu etwas anderem zu entwickeln (etwa zum Menschen) – es ist sehr viel wahrscheinlicher, daß sie ausstirbt.

Natürlich kann die Zahl der Individuen in der Vorfahrenform abgenommen haben, bis die Zufallsprozesse der »Gendrift« an die Stelle des geordneten Prozesses der Selektion traten, der in jeder Population von ausreichender Größe herrscht. Eine solche Zufallsveränderung hätte dann zu einer Situation geführt, die irgendwie präadaptiv für eine neue Lebensweise wurde – für die des frühen Menschen. Das ist gewiß eine Möglichkeit, sie steckt aber so voller erstaunlicher Zufälligkeiten, daß wir fast geneigt sind, an einen billigen Kriminalroman zu denken.

Der Schein kann trügen, und die »Unvollständigkeit« der Dartianeranpassung ist ein gutes Beispiel dafür. Mit uns verglichen, sollte man meinen, die Dartianer seien nicht allzugut angepaßt gewesen. Doch die Unzulänglichkeiten der Dartianer sind geringfügig, wenn man sie mit denen eines der großen Dinosaurier aus der Sauropodenordnung des Mesozoikums, etwa des bekannten Brontosaurus, vergleicht.

Dieser Dreißig-Tonnen-Körper, der auf Säulenbeinen ruhte, mit kleinem Kopf auf langem Hals, wenigen kümmerlichen Zähnen in der Schnauze und lächerlich kleinem Gehirn, mit diesem langen Schwanz, anscheinend der einzigen Verteidigungswaffe des törichten Geschöpfes – sieht so etwas nicht völlig unangepaßt aus, zum Aussterben verurteilt? Und doch starben sie nicht aus, denn Dinosaurier von diesem allgemeinen Typ lebten weiter und bevölkerten die ganze Welt mehr als 120 Millionen Jahre. Wie komisch und unglaublich sie auch auf uns wirken, ihrer eigenen Umwelt müssen sie ausgezeichnet angepaßt gewesen sein.

Ich glaube, wir müssen voraussetzen, daß nicht nur die Dartianer, sondern auch ihre Vorgänger einschließlich des *Ramapithecus* und *Propliopithecus* leistungsfähige, wohlintegrierte Organismen waren, die sehr gut zurechtkamen. Während der Ausbreitung des *Propliopithecus* geographische Schranken gesetzt waren, verbreitete sich *Ramapithecus* von Europa im Westen bis China im Osten, so daß sich deutlich zeigt, wie überaus erfolgreich dieses Geschöpf war. Diese frühen Hominiden müssen eine ganz eigene Lebensweise gehabt haben, die erheblich von der jedes heutigen Tier- oder Menschenaffen und außerdem, wenn auch in anderer Art, von der der späteren Hominiden abwich.

Übergänge von einer der großen Lebenszonen zu einer anderen setzen im Normalfall fortdauernd gut angepaßte Populationen voraus. A. S. Romer hat beispielsweise den Übergang vom Fisch zum Lurch untersucht. Er behauptet, daß Fische Beine entwickelt hätten, und zwar, paradoxerweise, um im Wasser bleiben zu können. Sie benutzten sie, wenn sie über Land zogen, um neue Wasserbecken zu suchen, wenn jene, die sie bewohnt hatten, durch Trockenzeiten verkleinert wurden. Diese Fischvorfahren besaßen kräftige, flexible Flossen, die sich wahrscheinlich ausgezeichnet zur Bewegung über Land eigneten. Allmählich entwickelten sie sich zu echten Gliedmaßen, während die Fische immer längere Zeitabschnitte auf dem Land blieben.

Übrigens existieren heute mehrere Fischarten, die sich auf dem Land bewegen und sogar auf Bäume steigen, und wenn es keine anderen Landtiere gäbe, die mit ihnen im Wettbewerb ständen, könnten sie durchaus zu Vorfahren einer neuen Gesellschaft landbewohnender Wirbeltiere werden. Der umgekehrte Übergang – vom Leben auf dem Land zum Leben im Wasser – wird schön von vielen heutigen Säugetieren veranschaulicht, bei denen wir sozusagen jedes Stadium dieses Prozesses studieren können. Ein frühes Stadium stellt der Eisbär dar, ein kraftvoller Schwimmer, der seine Beute – Seehunde – im Wasser aufspürt, doch lediglich auf dem Land oder Eis jagt. Man kann sich dieses Dasein als eine Art Niemandsland zwischen den beiden großen Lebensräumen vorstellen, in dem der Eisbär gedeiht. Das schließt aber die Möglichkeit nicht aus, daß in ferner Zukunft eine Eisbärenpopulation die Gewohnheit annehmen könnte, im Wasser zu jagen und zu fressen; damit würde dann vermutlich eine weitreichende Neugestaltung der Gliedmaßen eingeleitet. Bis heute haben sich die Glieder des Eisbären kaum verändert, da er sie nicht nur zum Schwimmen, sondern auch zum Jagen – auf dem Boden – benutzt.

Allmählich zunehmende Schwimmanpassungen erkennt man bei den Ottern – die ihre Beute im Wasser fangen –, den Seelöwen, den Seehunden und den Walen.

Auf analoge Weise könnte die Entwicklung von Flugstrukturen mit kletternden und springenden Formen wie den gewöhnlichen Eichhörnchen beginnen. Der nächste Schritt wäre dann das Entstehen einer Hautfalte, wodurch die Gleitflieger hervorgebracht werden, wie man sie heute in den Flughörnchen, Flattermakis und gewissen Echsen findet. Die interessantesten Beispiele sind vielleicht einige kleine Springfrösche, deren Füße mit den Schwimmhäuten »Flügel« bilden. Hier würde eine Verlängerung der Zehen und eine Vergrößerung der Hautfalte zur Entwicklung einer Flugschwinge führen, die der der Fledermaus sehr ähnlich

wäre. Die Endstadien dieser Evolution wären die Flügel echter Flieger wie der Fledermäuse, Vögel und gewisser ausgestorbener Flugreptilien, der Pterosaurier. Wenn sie dieses Stadium einmal erreicht hatten, blieben sie häufig unverändert. Die Fledermausschwinge ist seit 50 Millionen Jahren gleichgeblieben. Der Vogelflügel ist über 100 Millionen Jahre alt, und der Flügel der Pterosaurier bestand ebenfalls über 100 Millionen Jahre.
Das Entscheidende dabei ist jedoch, daß nicht nur die »vollendeten« Typen, sondern auch Zwischenstadien erhalten bleiben können und damit zeigen, daß auch sie als solche vorteilhaft sind. Beispielsweise gibt es Flattermakis bereits im frühesten Tertiär, vor nahezu 60 Millionen Jahren.
Der Übergang vom Leben auf den Bäumen zum Leben auf dem Boden ging vermutlich auf ähnliche Weise vor sich. Wahrscheinlich änderten sich die Gewohnheiten der frühen Hominiden allmählich, so daß die auf dem Boden verbrachte Zeit immer länger wurde. Doch auch dann bedeuteten Äste und Laub noch lange Heim, Sicherheit und Ruheplatz. Die Ähnlichkeit mit dem Übergang vom Wasser zum Land könnte sogar sehr stark sein. W. W. Howells, W. E. LeGros Clark und andere nehmen an, daß die frühen Hominiden nur deshalb auf den Boden hinabstiegen, um zu anderen Bäumen zu gelangen, die sie durch Springen nicht mehr erreichen konnten. Auf diese Weise konnten sie ihren Lebensunterhalt auch in den offeneren Galeriewäldern und schließlich auf den Savannen finden, wo Bäume in einzelnen Gruppen stehen. Später übernahmen Höhlen und selbstgeschaffene Schutzräume die Rolle des alten Baumheims.
Und wann ging das nun vor sich? Genau können wir es nicht sagen, doch hier möchte ich meine Ansicht deutlich äußern. Wahrscheinlich war *Ramapithecus* eine hauptsächlich auf Bäumen lebende Form: anders wäre sein Vorkommen in Sumpfwäldern wie denen von Keiyuan schwer zu verstehen. Der Übergang von den Bäumen zum Boden könnte also im *Ramapithecus*-Stadium oder kurz danach

vor sich gegangen sein. Falls das richtig ist, dann würde es sich um den ersten Teil des Pliozäns gehandelt haben – also um die Zeit vor 12 bis 7 Millionen Jahren.
Das ist meine persönliche Meinung zu dem bisher vorliegenden Beweismaterial, aber ich will nicht allzu dogmatisch sein: Der Wandel kann früher vor sich gegangen sein – später kaum.

Der Feind

Fleischfressende Säugetiere bildeten eine große Gefahr für die frühen Hominiden, die auf den Boden herabkamen. Ein Grund für die Aggressivität des Menschen kann vielleicht, wie G. Kurth behauptet, in den ersten Begegnungen zwischen angreifenden Raubtieren und überraschten Hominiden zu suchen sein. Die Horde, die sich in direkter und heftiger Verteidigung bildete, konnte überleben, während die furchtsameren Gruppen dezimiert wurden. Das wäre natürliche Selektion, von der die genetischen Faktoren begünstigt wurden, die eine harte, kampfbereite Disposition fördern. Der Gedanke ist interessant, aber sein Wert hängt fast ebensosehr von der Art der beteiligten Raubtiere wie von der Art der geleisteten Verteidigung ab. Wölfe und Wildhunde beispielsweise werden anscheinend nicht von heftiger Gegenwehr abgeschreckt. Wildhunde greifen Tiger an und überwältigen sie schließlich, obwohl zahlreiche Hunde bei diesem Kampf getötet werden können; Wölfe reißen einen Elch, selbst wenn dieser einige der Angreifer mit seinen Hufen erschlägt. Andere Raubtiere lassen sich leichter einschüchtern.

Der entscheidende Punkt ist jedoch, daß es in der Umwelt des *Ramapithecus* weder Wölfe noch Wildhunde gab. Wenn wir über die Gefahren sprechen, die den frühen Menschen erwarteten, als er von den Bäumen herabstieg, halten wir es anscheinend für selbstverständlich, daß die Raubtiere mehr oder weniger die gleichen wie die in Afrika und Eurasien heute vorhandenen waren. Wir denken dann meist an die Löwen, Leoparden und Wildhunde Afrikas und an die Tiger, Leoparden und Rothunde Eurasiens (dieser rote Hund lebte während der Eiszeit auch in Europa). Diese Hetzhunde entwickelten sich innerhalb der letzten 2 bis 3 Millionen Jahre aus wolfähnlichen Vorfahren. Die Wolfs- und Hundegattung *Canis* selbst entstand in Nordamerika und erschien nicht vor dem mittleren Pliozän in Eurasien. Wirklich verbreitet war diese Gattung erst im Pleistozän. Die großen Katzen vom heutigen Typ – Tiger, Löwen und Leoparden – sind ebenfalls ganz neuen Datums. Im Pliozän waren ihre Vorfahren nur wenig größer als eine Hauskatze.
Wir wollen uns deshalb die Raubtiere im frühen Pliozän einmal ansehen. Die eurasischen sind am besten bekannt, doch Entdeckungen werden jetzt auch in Afrika gemacht. Da gibt es ein paar Kreodonten oder Urraubtiere von einem Typ, der im frühen Tertiär gedieh und in Indien bis ins Pliozän erhalten blieb. Doch die große Mehrzahl gehört zu den heutigen Raubtierfamilien. Aber wenn wir diese Tiere auch als Angehörige der Katzen-, Hunde-, Bärenfamilie usw. identifizieren können, muß man doch anmerken, daß alle kräftigeren Formen, die den frühen Hominiden wirklich gefährlich werden konnten, zu Gattungen gehören, die heute ausgestorben sind. Das bedeutet, daß wir nicht viel von ihrem Aussehen und ihren Gewohnheiten wissen.
Da gab es natürlich auch sehr kleine Raubtiere von mancherlei Art, die zwar für die Hominiden keine wirkliche Gefahr darstellten, aber doch recht lästig werden konnten, beispielsweise, wenn sie die Beute stahlen, kaum daß unsere Vorfahren den Rücken gewandt hatten. In diese Gruppe

stellen wir die Mitglieder der Marder-Familie: Wiesel, Otter, Marder, Dachse und ihre ausgestorbenen Verwandten. Einige wenige Formen – z. B. ein primitiver Vielfraß und ein Mitglied der Gruppe Honigdachse – erreichten die ziemlich respektable Größe ihrer heutigen Nachkommen, doch selbst diese großen Marder waren vermutlich fast harmlos für die Hominiden. Das gleiche gilt für die Zibetkatzen und für das kleine, zibetkatzenähnliche *Ictitherium*, ein Mitglied der Hyänenfamilie, das in den fossilen Urkunden recht häufig erscheint.

Auf der anderen Seite stehen die sehr großen und vermutlich schweren Raubtiere, die man, wenn sie auch unbesiegbar waren, bereits von ferne entdecken und denen man dann aus dem Wege gehen konnte. Zu diesen Tieren gehören die riesigen, bärenähnlichen Hunde, einige primitive, aber ebenfalls große echte Bären und die großen, säbelzahnigen Katzen der *Machairodus*-Gruppe. Von diesen könnten einige eher Wohltäter als Feinde gewesen sein. Der mächtige *Machairodus* erbeutete vermutlich Großwild, das er mit den gewaltigen Tatzen und einem Dolchstoß der langen, scharfen, türkensäbelähnlichen Eckzähne tötete. Sein Gebiß zeigt jedoch eine Anordnung, bei der das Tier nur von weichem Fleisch und Eingeweiden leben konnte. Es blieb also immer viel übrig, und die frühen Hominiden waren gewiß schlau genug, das zu merken.

Wenn wir nun zu den mittelgroßen, schnellfüßigen Raubtieren kommen, haben wir es vermutlich mit einigen Erzfeinden der frühen bodenbewohnenden Hominiden zu tun. Wenn wir zunächst die Hunde betrachten, so bemerken wir, daß es, obwohl die echte Gattung *Canis* fehlt oder selten ist, einige überaus räuberische Vertreter dieser Familie im frühen Pliozän gab. Das zeigt sich an den geringen Überresten stumpfschnauziger Hunde mit eigentümlich katzenhaftem Gebiß. Ziemlich sicher sind diese »felinoiden« Hunde fast ausschließlich Fleischfresser gewesen, im Gegensatz zu den meisten heutigen Hunden, die in fast gleichem Maße Allesfresser sind wie der Mensch. Leider ist über diese Geschöpfe nur sehr wenig bekannt. Die geringe Zahl der Fossilien deutet darauf hin, daß diese Tiere nicht besonders häufig waren, und bisher sind sie nur in Europa und Nordafrika gefunden worden.

Eine zweite Gruppe ist die der mittelgroßen Katzen, die ihre Beute vermutlich ebensogut auf den Bäumen wie auf dem Boden verfolgen konnten. Sie gehören der ausgestorbenen Gattung *Pseudaelurus* an, ähnelten den heutigen Katzen aber wahrscheinlich stark. In der Größe reichten sie von der eines Luchses bis zu der eines Leoparden, und mindestens die größeren könnten eine ernste Bedrohung dargestellt haben. Das gleiche wird für einen verhältnismäßig kleinen und wendigen Typ der Säbelzahnkatze gelten, deren Überreste man – wie die des *Pseudaelurus* – sowohl in Europa als auch in Asien gefunden hat.

Die Rolle, die heute von den in Rudeln jagenden Wölfen und Wildhunden übernommen wird, spielte damals eine völlig andere Tiergruppe. Das waren gewisse leichtgebaute Hyänen, von denen mehrere zur Gattung *Palhyaena* gehörende Arten bekannt sind. Fossile Reste dieser Tiere sind sehr häufig und übertreffen an Zahl fast die aller anderen Raubtiere zusammengenommen. An manchen Fundstätten scheint es tatsächlich so, als ob ein ganzes Rudel Palhyänen von einer Katastrophe, etwa einer Überschwemmung, überrascht worden wäre. Es bestehen alle Gründe für die Ansicht, daß es die verbreitetsten Raubtiere auf den Savannen und Steppen des frühen Pliozäns waren. In der Größe reichen sie von der eines Terriers bis zu der eines Wolfes, und ihr Gebiß deutet darauf hin, daß sie überaus räuberisch waren und ausschließlich von Fleisch lebten. Begegnungen der frühen Hominiden mit Palhyänen-Rudeln könnten häufig gewesen sein und viel dazu beigetragen haben, Zusammenwirken und Loyalität innerhalb der Gruppe und gleichzeitig Aggressivität gegen andere Gruppen zu fördern.

Leben auf den Bäumen

Von dem großen Naturforscher Cuvier wurde behauptet, daß er ein ganzes Tier aus einem einzigen Knochen oder Zahn habe rekonstruieren können. In Wirklichkeit vermag kein Naturwissenschaftler ein solches Wunder zu vollbringen! Was ein tüchtiger Osteologe jedoch kann, ist, einen Knochen zu identifizieren, der zu einem bereits bekannten Tier gehört, und dann zu sagen, wie das Tier aussieht. Aber er kann ein bisher unbekanntes Tier nicht aufgrund eines einzigen Zahnes oder auch der ganzen Zahnreihe rekonstruieren. Er kann nur entscheiden, ob das unbekannte Geschöpf mit irgendeinem anderen, der Wissenschaft bereits bekannten Tier verwandt und wie eng die Verwandtschaft war. Das ist die Situation im Hinblick auf *Ramapithecus*. Wir wissen, daß er ein Hominide im späteren Tertiär gewesen ist, nicht jedoch, wie er aussah oder wie er lebte.
Und trotzdem ist es gerechtfertigt, darüber nachzusinnen, wie unsere Vorfahren im Miozän und Pliozän lebten und wie sie aussahen! Bisher haben wir uns eng an die tatsächlichen Urkunden gehalten – nun wollen wir theoretisieren. Dafür gibt es überzeugende Präzedenzfälle: Die Versuche, eine zusammenhängende Geschichte der tertiären Vorfahren des Menschen sichtbar zu machen, erforderte viel Nachsinnen und Theoretisieren. Einige der wichtigsten Beiträge sind in letzter Zeit von C. F. Hockett, R. Ascher, D. Morris und R. Ardrey in Büchern und Aufsätzen geleistet worden. Diese und andere Autoren kommen aus den verschiedensten Gebieten der Wissenschaft, und die Synthese

ihrer Ansichten ist besonders fruchtbar und anregend gewesen. Es ist meine Absicht, hier einige dieser Gedankengänge zusammenzufassen und eine Skizze davon zu geben, wie ich mir den Entwicklungsablauf vorstelle.

Vor etwa 15 Millionen Jahren hatten unsere auf Bäumen lebenden Vorfahren etwa die Größe eines fünfjährigen Kindes. Sie waren behaart (nackte Haut wird auf den Bäumen zu leicht verletzt). Wahrscheinlich hätten wir sie als Affen bezeichnet, doch es fehlten ihnen die vorspringende Schnauze und die großen Eckzähne, wie man sie bei vielen Affen findet. Ihre Gesichter waren vermutlich ausdrucksvoller als die von Menschenaffen und mochten vielleicht eher wie die von »Menschenaffen-Babies« gewirkt haben. Die Augen blickten gerade nach vorn und konnten stereoskopisch sehen. Die Ohren ähnelten denen des Menschen. Die Lippen waren schmal, der Mund war groß; die Nasenlöcher über der kurzen Oberlippe öffneten sich mehr nach unten als nach vorn.

Mit verhältnismäßig langen Armen bewegten sich die Geschöpfe leicht auf den Bäumen – auf allen vieren, aufrecht auf den Zweigen balancierend oder an den Armen schwingend. Bisweilen stiegen sie zum Boden herab, wo sie in aufrechter Stellung ziemlich rasch rennen konnten, dagegen gingen sie langsam nicht sehr gut auf zwei Beinen. In Bewegung befanden sie sich nur tagsüber; sie schliefen in den Bäumen und suchten auch Schutz auf den Bäumen.

Sie ernährten sich überwiegend von Insekten, Maden, Eiern, jungen Vögeln und anderen kleinen Tieren, jedoch auch von Früchten, Nüssen, Beeren und anderer pflanzlicher Kost. Aber sie verschmähten auch Aas nicht, das auf dem Boden lag und vielleicht von Raubtieren liegengelassen worden war, und wenn sie die Möglichkeit hatten, schnappten sie diesen Tieren auch einen guten Knochen oder ein Stück Fleisch weg.

Sie lebten in kleinen Horden von 10 bis 50 Exemplaren, von einem oder mehreren Männchen geführt. Eine solche Horde besaß ein mehr oder weniger klar abgegrenztes Heimatterritorium, von dem andere Horden abgewehrt wurden. Das Drohverhalten Eindringlingen gegenüber bestand vermutlich im Schwingen und vielleicht auch Werfen von Geschossen wie Stöcken oder Steinen; die Hominiden trugen möglicherweise solche Dinge gewohnheitsmäßig mit sich herum – im Mund, in den Händen oder Füßen, je nachdem, wie sie sich gerade fortbewegten. Zähneblecken und -fletschen wird es kaum gegeben haben, denn die Eckzähne waren nicht eindrucksvoll. Statt dessen nahmen sie ihre Zuflucht eher zu Schreien und Schwatzen.

Die Weibchen werden einen monatlichen Geschlechtszyklus gehabt haben. Die Paarung ist in diesem Stadium vielleicht noch polygam vor sich gegangen. Die Kopulationsstellung mag gewechselt haben wie bei heutigen Menschenaffen, wenn wohl auch das Aufreiten von hinten vorgeherrscht haben mag. Paarungen, bei denen die beiden Vorderseiten einander zugewendet sind, könnten ebenfalls üblich gewesen sein. Im allgemeinen wurde jedesmal ein Junges geboren. Zwillinge brachten insofern Nachteile mit sich, als sie für die Mutter beschwerlich waren. Die Jungen waren hilflos und bedurften lange Zeit besonderer Pflege. Sie wurden gesäugt, doch die Brüste ihrer Mütter waren nicht annähernd so gut entwickelt wie die einer modernen Frau. Die Kinder erreichten mit etwa acht Jahren die Pubertät und hörten mit zehn Jahren auf zu wachsen. Einige von ihnen erlebten, wenn sie Glück hatten, das dreißigste Lebensjahr oder gar noch mehr, doch die meisten starben weit früher an Krankheiten, Unfällen oder aus anderen Ursachen.

Ihre Kommunikation beruhte auf einem System von Lockrufen, Gesten und Gesichtsausdrücken, deren Verständnis angeboren war. Ursprünglich stellten solche Rufe und Gebärden einfache Nachrichten dar wie »Essen«, »Gefahr«, »Laß mich in Ruhe«, »Hau ab« usw. Im Lauf der Zeit wurden einige davon vielleicht miteinander verbunden, oder sie gingen so ineinander über, daß sich kompliziertere Situationen mit ihnen ausdrücken ließen. Solange die Rufe instinktiv verstanden wurden und nicht gelernt werden mußten, blieb das System jedoch starr; es fehlten einige Merkmale eigentlicher Sprache.

Ein Merkmal der Sprache ist, daß neue, noch nie gesagte Dinge gesagt werden können und verstanden werden – Sprachwissenschaftler bezeichnen das als »Offenheit« und setzen diese in Gegensatz zur »geschlossenen« Natur eines Rufsystems, in dem Neuerungen nur durch den langsamen Prozeß der biologischen Evolution stattfinden. Es dauert viele tausend Jahre, dem »Vokabular« einen einzigen neuen Ruf hinzuzufügen, aber eine Evolution dieser Art findet tatsächlich statt. Beispielsweise wissen wir, daß sich das Rufsystem der Gibbons in örtliche »Dialekte« aufgespalten hat.

Ein weiteres Merkmal wahrer Sprache ist, daß wir von Dingen sprechen können, die außerhalb des Gesichtsfeldes oder in der Vergangenheit oder Zukunft liegen, während sich ein Rufsystem immer mit dem Hier und Jetzt beschäftigt. Außerdem besteht eine Sprache aus Elementen, die für sich genommen keine Bedeutung haben, jedoch verbunden werden können und dann Wörter und Sätze bilden. Im Rufsystem dagegen färben die Laute, die in den Ruf eingegangen sind, die Äußerung völlig – etwa so, als ob wir jedes Wort, das ein »S« enthält, als zorniges Zischen auffassen wollten.

Schließlich muß eine Sprache gelernt werden. Wir werden mit der Fähigkeit geboren, Sprachen zu lernen – jede Sprache –, nicht jedoch mit einem angeborenen Verständnis für sie. Diese Fähigkeit wird von einigen Autoren in Zusammenhang gebracht mit unserem Vermögen, Wechselbeziehungen zwischen verschiedenen Modalitäten herzustellen: beispielsweise können wir im Dunkeln ausgeschnittene Formen wie Vierecke und Dreiecke mit dem Tastsinn identifizieren und sie mühelos zu den entsprechenden sichtbaren Formen in Beziehung setzen, während das selbst für das klügste Tier stets unmöglich bleiben wird.

Niemand weiß, wann sich das Rufsystem zu echter Sprache entwickelte, doch es besteht Grund für die Annahme, daß es geschah, nachdem die Hominiden auf den Boden herabgestiegen waren – mehr darüber im nächsten Kapitel.
Jedenfalls besaß *Ramapithecus* vermutlich ein vielfältiges Vokalrepertoire, und das hat im Leben der frühen Hominiden eine wichtige Rolle gespielt. Die Wölbung des Gaumens deutet auf eine gut entwickelte Zunge, nicht auf die flache Zunge der Menschenaffen hin, und eine solche Zunge ist für artikulierte Sprache notwendig.
Die Verwendung von standardisierten Rufen paarte sich allmählich mit dem Auftreten einfacher Denkvorgänge. Der Ursprung des Denkens ist kürzlich von Verhaltensforschern untersucht und mit Verhaltensformen von dem Typ in Verbindung gebracht worden, der zu gewissen instinktiven Aktionen führt, die für die fragliche Spezies bezeichnend sind – etwa zum Nestbau, zum Paarungsverhalten, zum Fressen usw. Dieses vorbereitende Tun, das Appetenzverhalten genannt wird, ist in unserer eigenen Welt recht verbreitet; die meisten Dinge, die wir tun, gehören eigentlich darunter: das Arbeiten für Geld, das Vorbereiten der Speisen für das Mittagessen, das Sich-Anziehen für die Vergnügungen einer Party – oder das Sich-Ausziehen für das Vergnügen des Bettes. Hat jedoch das erstrebte Tun stattgefunden, dann endet die Kette, und es wird einige Zeit vergehen, ehe eine neue Reihe von Aktionen auf das gleiche Ziel zu begonnen wird.
Zu dieser Zeit, wenn der Grad der Erregung noch ziemlich niedrig ist, können müßige Versuche von Appetenzverhalten stattfinden, die vielleicht die Form eines »inneren Probens« für die kommenden Bewegungen und Aktionen annehmen. Daß so etwas tatsächlich stattfinden kann, hat sich gezeigt, als man die elektrischen Potentiale im Zentralnervensystem maß. Das wäre dann eine Art urtümlicher Denkvorgang, und dieser könnte, wie P. Palmgren betont hat, besondere Bedeutung in solchen Fällen erhalten, in de-

nen sich verschiedene Alternativhandlungen mit etwa gleicher Anziehungskraft anbieten. Der Esel, der zwischen zwei gleich anziehenden Heubündeln wählen muß, würde diese Situation veranschaulichen.
So etwa könnten wir uns vielleicht die frühen, baumbewohnenden Hominiden des späten Miozäns vorstellen. Wie sich bisher schon gezeigt hat, kann man natürlich nur über allgemeine Züge sprechen. Nichts läßt sich einstweilen über spezielle, spezifische Anpassungen und Gewohnheiten sagen, wenn wir vielleicht auch fest davon überzeugt sein mögen, daß uns viele dieser Eigenschaften auffallen würden, wenn wir das Vorrecht hätten, in der Zeit rückwärts zu wandern und unsere Vorfahren in Fleisch und Blut zu sehen.
Ich habe sogar die Frage offengelassen, ob sie noch einen Schwanz hatten. Wahrscheinlich nicht, aber ganz genau wissen wir es nicht. Die Gibbons jener Zeit hatten noch einen Schwanz und sind heute doch ebenso schwanzlos wie wir selber.

Leben auf dem Erdboden

Nach der klassischen Theorie mußten die Hominiden von den Bäumen auf den Erdboden überwechseln, weil bei der zunehmenden Trockenheit des späten Miozäns und des Pliozäns die Wälder zurückwichen und die Savannen sich ausbreiteten. Es gibt viele Abwandlungen dieser Theorie, doch die Grundvorstellung ist immer, daß die dünner werdenden Wälder die Hominiden für kürzere oder längere Zeiträume auf den Boden hinunterzwangen. Sie hatten also

keine andere Wahl, als sich dieser neuen Lebensweise anzupassen oder auszusterben.
Ich halte diese Grundvorstellung für falsch. Das wäre eine nichtadaptive Situation. Wäre das nämlich so der Fall gewesen, dann wären die baumbewohnenden Hominiden dort, wo die Wälder verschwanden, einfach ausgestorben. Dort dagegen, wo die Wälder erhalten blieben, hätten sie selber ebenfalls überlebt.
Die wahre Erklärung muß die sein, daß die Hominiden von den Bäumen herabkamen, weil sie ein Stadium erreicht hatten, das ihnen eine gedeihliche neue Lebensweise auf dem Boden ermöglichte, eine Lebensweise, die mindestens ebensogut war wie das alte Leben in den Bäumen. Als die grasigen Savannen zunahmen, standen immer größere Gebiete für diese Lebensweise zur Verfügung. Mit dem üblichen Opportunismus der Evolution griffen die Hominiden nach dieser Chance. Die Vorfahren der Paviane taten etwa um die gleiche Zeit dasselbe, doch es gab keinen Konkurrenzkampf zwischen den beiden Gruppen. Die Paviane wurden bodenbewohnende, vierbeinige Pflanzenfresser; die Hominiden wurden bodenbewohnende, zweibeinige Fleischfresser. Sie waren nicht elende Verbannte aus einem verschwindenden Garten Eden, im Gegenteil: Sie waren Pioniere, die eine neue Lebenszone eroberten!
Man kann sich vorstellen, daß dieser Prozeß – das Besiedeln der offenen Lichtungen und später der Savannen und Steppen – im späten Miozän oder frühen Pliozän begann und im mittleren Pliozän, vor 5, 6 Millionen Jahren, in vollem Gange war.
Von ihren schwinghangelnden Gewohnheiten her waren die Hominiden bereits mit der aufrechten Haltung vertraut und schon recht früh gut im Laufen, zum Teil, weil sie so klein und leicht waren. Nun wurden sie auch im Gehen tüchtiger. Dinge umherzutragen war ganz üblich bei ihnen. Jetzt konnten die Hände diese Aufgabe übernehmen, außer wenn die Hominiden sie brauchten, um auf Bäume zu klet-

tern. Gleichzeitig verloren die Füße ihre Greiffunktion und konnten sich dem Gehen und Laufen anpassen.
Für die Nacht suchten die Hominiden noch in den Bäumen Schutz, vielleicht auch auf Felsen über steilen Abhängen, doch die wachen Stunden wurden überwiegend auf dem Boden verbracht. Hier gibt es weit mehr Wild als in den Bäumen, und da die Beutetiere zudem größer sind, ist die Jagd lohnender.
Wir wollen uns eine Hominidenhorde vorstellen, die sich auf die Suche nach neuen Jagdgebieten begibt. Da die Geschöpfe aufrecht gehen, sind sie groß genug, über das Savannengras hinwegzusehen. Und sie halten in alle Richtungen aufmerksam Ausschau nach Beute und Feinden. Wenn Gefahr droht und ein Baum in der Nähe steht, wird die Horde dorthin rennen. Die langsamsten und unbeholfensten Läufer bleiben zurück und werden vielleicht eine Beute des Feindes. Gibt es keine Bäume, dann verbergen sich die Hominiden vielleicht oder setzen sich gemeinsam zur Wehr. Die Horde mag ein Stamm oder eine Familie sein – der Stamm ist größer, die Familie kleiner als die ursprüngliche baumbewohnende Horde. Während die Mitglieder des Stammes oder der Familie dahinziehen, tragen sie Kinder und Lebensmittel, aber auch Waffen mit sich. Eine Jagdhorde dagegen wird nur aus Männern bestehen, zu denen sich höchstens einige Weiber ohne Kinder gesellen. Getragen werden lediglich Waffen.
Ein kaninchenähnliches Tier wird gesichtet, ein wilder Lauf beginnt. Keuchend kehrt der siegreiche Jäger mit seiner Beute zurück. Nach dieser explosiven Anstrengung laufen ihm Schweißtropfen durch das dünne Fell. Je dünner der Pelz, desto geringer ist die Gefahr eines Hitzschlags, weil bei dichtem Fell die während des Laufens angesammelte Wärme nicht rasch genug abgeleitet werden kann. Deshalb wirkt sich die Auslese gegen ein dickes Fell und für eine Zunahme der Schweißdrüsen an Zahl und Größe aus. Das ist eine signifikante Neuerung für das Leben auf dem Boden.

Baumbewohner haben keine leistungsfähigen Schweißdrüsen. Doch bald werden noch weitere Auslesefaktoren zugunsten nackter Haut auftreten.
Das Pseudokaninchen ist bald mit den Zähnen, Fingern und scharfen Steinbrocken aufgebrochen. Wenn das Tier aufgegessen ist, schleppt der Jäger das Fell – das Haar nach innen – vielleicht mit sich herum. Man konnte später, wenn man wieder Hunger hatte, darauf kauen. Hier zeigt sich gelegentlich bereits ein Schimmer von Vorausdenken, und das ist Wasser auf die Mühle der natürlichen Auslese. Das Kauen macht die Haut geschmeidiger, und vielleicht entdeckt jemand, daß sich das Fell als Tasche benutzen läßt oder dazu, sich in der kalten Nacht der Savanne zu wärmen. Doch solche Züge sind hart für die kleinen Kinder und für die Frauen, die Babys auf dem Arm tragen. Deshalb schafft sich die Horde mindestens für einige Zeit einen Lagerplatz in einem geeigneten Gebiet. Vielleicht zog man dafür Wald oder Baumgruppen vor. Hier bleiben die Kinder und die Mütter, die sie versorgen, während die Jagdgruppen zur Nahrungsbeschaffung ausziehen. Dadurch wird die Familienbindung überaus wichtig. Da die Kinder so lange Jahre versorgt werden müssen, müssen die Eltern die Tagesarbeit oft untereinander aufteilen. Es wird nun unerläßlich, daß der jagende Elternteil getreu seine Pflicht erfüllt und den zu Haus Bleibenden Nahrung bringt. Während in der Vergangenheit nur die Mutter-Kind-Bindung bedeutsam war, entwickeln sich nun auch die Beziehungen zwischen Vater und Kind und die sexuelle Bindung zwischen den Eltern. Wie immer trägt auch die Auslese dazu bei, den Mann und die Frau hervorzubringen, von denen Millionen Generationen des jeweils entgegengesetzten Geschlechts träumen werden.
Die Sexualität durchdringt allmählich das Leben des Hominiden. Das ist ein starker Gegensatz zu ihrer Zufallsrolle bei den anderen Primaten. Die Vater-Mutter-Familie wird zum Kern der Population. Die Arbeitsteilung stellt man sich ge-

wöhnlich als vollständig vor – jagende Männer und die Kinder versorgende Frauen. Eine solche Arbeitsteilung führt jedoch zu starkem sexuellem Dimorphismus in der Größe: Die Männer würden dann sehr viel größer als die Frauen. In Wirklichkeit gibt es jedoch keinen bedeutenden Größenunterschied; deshalb war die Arbeitsteilung wohl nicht so vollständig.

Die Paarung, einander zugewandt, wird immer üblicher und trägt dazu bei, daß sich eine Zuneigung von der Art entwikkelt, wie sie vorher lediglich zwischen Mutter und Kind bestand. Gleichzeitig übernehmen verschiedene Körpermerkmale, die in Anpassung an das Leben auf dem Boden entstanden waren, Funktionen als Geschlechtssignale. Das bereits dünne Fell wird noch dünner, denn die Intimität der nackten Haut ist stärker als die der behaarten. Die Lippen werden voller und die Brüste der Frau größer – nach Ansicht von D. Morris als innerartliche Nachahmung des visuellen Signals, das in der alten Präsentierstellung, in der das Weibchen Labien und Hinterbacken bietet, von der Hinterseite gegeben worden war. Falls das zutrifft, könnte es darauf hindeuten, daß die Kopulation mit einander zugewandtem Gesicht erst wirklich allgemein wurde, als sich die Hominiden zu zweibeinigen, bodenbewohnenden Geschöpfen entwickelt hatten, denn erst in dieser Phase bildet die Glutäal-Muskulatur das typisch menschliche Gesäß. Der nahezu überall verbreitete Mythos vom Himmelsvater und der Erdmutter spricht für die Bedeutung dieser Koitusstellung bei den meisten menschlichen Populationen.

Während das Haar an den meisten Körperteilen verschwand, wurde das Kopfhaar vermutlich dichter, zum Schutz gegen die Sonne. Scham- und Achselhaar, dazu der Bart bei Männern blieben als Sexualsignal und möglicherweise als Geruchsverstärkung erhalten. Der Bart wurde außerdem zum Signal einer dominierenden Stellung in der Männerhierarchie. Die Genitalien selbst entwickeln sich ebenfalls stark. Die weibliche Klitoris entwickelt sich zu einer Größe und Empfindlichkeit, die der Frau die Fähigkeit zum Orgasmus ermöglichen, womit sie unter den weiblichen Primaten einzig dasteht. Dem entspricht eine Vergrößerung des Penis, die den Massageeffekt beim Koitus verstärkt.

Gleichzeitig wird das Territorialverhalten immer wichtiger und komplizierter. Der Stamm bildet eine territoriale Einheit, die die eigenen Jagdgebiete und Unterkünfte bewacht. Die Beziehungen zu Nachbarstämmen reichen von friedlicher Kooperation bis zum Kampf auf Leben und Tod. Treue Kameradschaft und nie wankende Loyalität angesichts äußerer Feinde oder Gefahren erhalten einen hohen Auslesewert.

Die Familie bildet eine territoriale Untereinheit, zusammengehalten durch die Familienbindung. Hier stecken die Keime für mögliche Konflikte zwischen Familien- und Stammesloyalität. Um Spaltungen zu verhindern, werden Riten und Tabus entwickelt. Die kulturelle Evolution beginnt und verbindet sich mit der biologischen Evolution. Die Hominiden werden allmählich zu Menschen.

Auch die Körpergröße nimmt zu. Dabei wird der einzelne stärker, vermag größere Jagdtiere zu erlegen und kann sich und den Stamm gegen größere Raubtiere verteidigen. Gleichzeitig stellt die Größenzunahme höhere Anforderungen an die Gliedmaßen. Die frühesten bodenbewohnenden Hominiden waren so klein und leichtfüßig, daß sich ihre »unvollendete« Anpassung an die Zweibeinigkeit kaum auswirkte. Der mechanische Streß blieb mäßig, und die Anpassung nahm zu, während die Hominiden größer und schwerer wurden. Die Beine wurden länger, die Füße weniger flexibel; Ferse und großer Zeh trugen zur Struktur des Fußgewölbes bei. Ebenso vervollkommneten sich Beckengürtel und Muskeln.

Die Hände, die schon lange unbehindert mit Waffen und anderen Gegenständen umgehen und die ständig wachsende Neugier des Gehirns befriedigen konnten, wurden darin immer geschickter. Und mit der Geschicklichkeit der Hände nahmen die Fähigkeiten des Gehirns zu. Waffen und Geräte werden nun hergestellt. Der Gedanke an eine Steinindustrie entsteht und verbreitet sich wie ein Lauffeuer. Der Geräte verfertigende Mensch steigt herauf.

Abermals wird das alte Rufsystem von echter Sprache überlagert, wenn diese zunächst auch noch einen sehr begrenzten Wortschatz aufweist. (Häufig wird erklärt, daß sogenannte primitive Sprachen unserer heutigen Zeit einen besonders reichen Wortschatz hätten – doch solche Sprachen sind insofern nicht primitiv, als sie nicht erst kürzlich aus einem Rufsystem entstanden sind.) Wir wissen übrigens nicht, ob sich die Sprache *aus* einem Rufsystem oder *neben* ihm entwickelt hat. Das menschliche Ohr ist am empfindlichsten für Klänge in einer Höhe von etwa 3000 Schwingungen je Sekunde (Frequenz von 3000 Hz), doch die gewöhnliche Sprechstimme von Männern, Frauen und Kindern liegt mindestens zwei Oktaven tiefer. Wahrscheinlich hatte das Rufsystem die größere Tonhöhe. Hat es sich also um eine entscheidende Veränderung gehandelt, um die höheren Frequenzen für Notschreie freizuhalten? Oder ist die eigentliche Sprache aus dem tieferen Geschwätz – etwa in Sprechhöhe – und nicht aus dem Rufsystem entstanden? In diesem Fall haben die beiden Kommunikationsmöglichkeiten vielleicht nebeneinander bestanden, bis die wirkliche Sprache reich genug geworden war, um die Kommunikation allein zu übernehmen. Dann hätte die Verwendung der Rufe allmählich abgenommen, und ihr Verständnis wäre in unserer genetischen Veranlagung nach und nach verlorengegangen, so daß wir einem unartikulierten Schrei heute kaum mehr entnehmen können als ein Gefühl verzweifelter Dringlichkeit.

Unsere Hominiden sind inzwischen groß und begabt genug, um nicht mehr das Bedürfnis zu verspüren, über Nacht auf Bäume zu klettern. Sie wählen Höhlen oder Felsüberstände oder bauen sich selber Hütten. Sie befinden sich jetzt etwa im Stadium der Olduvai-Dartianer, und so sind wir zum Ausgangspunkt unseres Berichts über die Entwicklung der frühen Hominiden zurückgekehrt.

Und in diesem Stadium öffnen sich neue Evolutionsperspektiven. Die Erfindung der Sprache und die Herstellung verschiedener haltbarer Steinwerkzeuge in großem Umfang sind Ausgangspunkt für eine neue Entwicklung, in der sich die kulturelle Evolution unlösbar mit der genetischen verbindet. In dieser Situation werden Gehirn und Denkvermögen wichtiger als je zuvor. Die neuen Lebensmöglichkeiten, die sich den Hominiden öffnen, konnten nur durch eine Zunahme der Intelligenz voll genutzt werden, und tatsächlich finden wir auch vom Dartianerstadium an ein auffälliges Anwachsen der Hirngröße. In weniger als zwei Millionen Jahren verdreifacht sich das Hirnvolumen. Das ist einer der Gründe für meine Vermutung, daß es in der Dartianergesellschaft bereits Sprache gab.

So versuchen Anthropologen, die versteinerten Knochen mit Fleisch und Haut zu bekleiden und die Stimmen der lange Toten zu belauschen. Vielleicht ist es nicht mehr als ein dünnes Gewebe von Theorien, das schon der nächste Kritiker wieder zerreißt. Doch einige entscheidende Daten bleiben bestehen, und das Wichtigste davon ist das rätselhafte Antlitz des *Ramapithecus* selbst.

3. Der Mensch der Eiszeit

Der Schauplatz

In der langen Geschichte der Erde hat es viele Eiszeiten gegeben. Über die frühesten wissen wir wenig, aber es ist durchaus bekannt, daß dem Kambrium vor etwa 600 Millionen Jahren eine große Eiszeit vorausging und daß eine weitere vor etwa 300 Millionen Jahren vom Karbon ins Perm reichte. Unter den Ablagerungen aus jenen Zeiten finden sich unverkennbare Gletscherdriftgeschiebe und eispolierte Felsflächen.

Dann begann vor ungefähr einer Million Jahren eine weitere Eiszeit, die noch immer anhält. Wir können sie vielleicht die pleistozäne Eiszeit nennen. Sie läßt sich als logisches Ergebnis eines langfristigen Abkühlungstrends betrachten, der bis ins frühe Tertiär vor etwa 50 bis 60 Millionen Jahren zurückgeht, als tropische Wälder die Küstenländer der Nordsee bedeckten. Die Abkühlung ging langsam und unregelmäßig vor sich; das Klima wurde kühler, dazwischen wieder wärmer, doch im ganzen überwiegen die Abkühlungen. Im Miozän wuchsen zum letztenmal Palmen nördlich der Alpen. Im Pliozän verschwanden die Krokodile aus Mitteleuropa.

Antarktis und Grönland könnten bereits im Miozän und Pleistozän vereist gewesen sein, so daß man in gewisser Hinsicht sagen könnte, die Eiszeit habe lange vor dem Pleistozän begonnen. Doch erst im mittleren und späten Pleistozän – vor etwa einer Million Jahren beginnend – bildeten sich große Inlandvereisungen in Eurasien und Nordamerika.

Die bei weitem umfangreichste kontinentale Eisdecke war die Nordamerikas, die eine maximale Ausdehnung von 15 Millionen qkm hatte und sich von Nordkanada bis etwa zum 45., stellenweise sogar bis zum 40. Breitengrad erstreckte. In Europa reichte das skandinavische Inlandeis bis nach Südengland und Mitteldeutschland, während kleinere Eisdecken in den Alpen, Pyrenäen und anderen Gebirgsketten entstanden. Eisfelder bildeten sich auch am Ural, in Ostsibirien, im südlichen Südamerika und auf Tasmanien, ebenso in verschiedenen Hochländern in niederen Breiten.

Aber die Eiszeit war keine einheitliche Kaltzeit. Es handelte sich vielmehr um einen ständigen Wechsel von kalt und warm. Mindestens vier große Vereisungen fanden etwa während der letzten Jahrmillion der Erdgeschichte statt. Erinnerungen an ihre Existenz sind Gletscherablagerungen, Endmoränen, die den Rand des Eises bezeichnen, dicke Lößschichten, gebildet aus Staub, der von Frostverwitterungen stammt und den der Wind zusammenblies, und so fort. Da den Ozeanen Wasser entzogen wurde, das die bis 3 km dicken Eisschichten bildete, sank der Meeresspiegel über 100 m ab und legte breite Streifen des Festlandsockels frei. Ostsibirien war durch eine Landbrücke mit Alaska verbunden. Auch an anderen Stellen bildeten sich Landübergänge, etwa zwischen den Sundainseln – Sumatra, Borneo, Java – und Asien oder zwischen Neuguinea und Australien.

Zwischen den Eiszeiten war das Klima ebenso mild wie heute oder sogar wärmer. Diese Phasen werden Interglazial- oder Zwischeneiszeiten, besser Warmzeiten, genannt. Doch auch während der Vereisungen gab es ein Auf und Ab – eine solche wärmere Zeit heißt Interstadial.

Rund um die kontinentalen Eisfelder lagen umfangreiche Gebiete im Griff eines intensiv kalten Klimas, das eine öde Tundralandschaft schuf. Allmählich entwickelten sich Tiere, die ein Leben unter diesen Umständen ertrugen. In der Elefantengruppe entstand das Mammut, das struppig behaarte Rüsseltier des Nordens mit seinen riesigen Elfenbeinstoßzähnen, die es benutzen konnte, um den Schnee beiseite zu schieben und das Gras darunter zu erreichen. Dazu das Wollnashorn, ähnlich durch das dichte Haar vor der Kälte geschützt. Ferner noch heute lebende arktische Tiere wie Rentier, Moschusochse, Lemming, Polarfuchs und Eisbär. Wenn in Interstadialzeiten das Klima milder wurde, zogen sich diese Tiere nach Norden zurück, und ein borealer Floren- und Faunentyp hielt Einzug in Mitteleuropa: Kiefernwälder mit Riesenhirschen, Elchen, Wisenten, Vielfraßen und Luchsen. Doch in den noch wärmeren Phasen, die wir Zwischeneiszeiten nennen, schmolz das Eis völlig weg, und die arktische Fauna suchte Zuflucht im hohen Norden. Die gemäßigten Gebiete wurden nun von einer reichen Fauna besiedelt, zu der der große Waldelefant, Mercks Nashorn, Edelhirsch, Auerochse, das Flußpferd und viele andere Tiere gehören.

Die tropischen Gebiete weiter im Süden wurden von den klimatischen Veränderungen weniger beeinflußt; dort handelte es sich überwiegend um Veränderungen in der Regenmenge. Die Tierwelt dieser Gebiete bestand aus Formen, die mit den heutigen Tieren verwandt oder ihre unmittelbaren Vorfahren waren; dazu kamen die mittlerweile ausgestorbenen wie das Sivatherium und Dinotherium.

Doch während sich Temperaturen, Klimagürtel und Meeresspiegel hin und her verschoben, gab es auch stetige, in einer Richtung verlaufende Tendenzen. Wenn der Meeresspiegel während der Vereisungen sank und während der Interglaziale stieg, sank er doch im Lauf des ganzen Pleistozäns ständig leicht ab, so daß jeder neue Vereisungszyklus bei niedrigerem Wasserspiegel begann als der vorhergehende. Tiere und Pflanzen entwickelten sich und verwandelten sich mit: Das Mammut der frühen Vereisungen war nicht dasselbe wie die Form, die im späten Pleistozän lebte. Das gilt auch für andere Tiere – und für den Menschen. Seine Entwicklung war tatsächlich auffallend. Von den Dartianern des frühen Pleistozäns führte sie über den *Homo erectus* des mittleren Pleistozäns zum Neandertaler und den modernen Menschen des späten Pleistozäns.

Und so erhält jede Vereisung und jede Zwischeneiszeit ihren eigenen Charakter. Sie besitzt ihre eigene Flora und Fauna, ihren eigenen Typ früher Menschen und ihre eigene Gruppe von Steinzeitkulturen. In Europa, wo die Aufeinanderfolge besonders gut bekannt ist, verläuft beispielsweise die Geschichte folgendermaßen:

In der frühen Vereisung – der Günzzeit – gehören die Tiere noch dem frühpleistozänen Typ an. In Europa finden sich keine sicheren Spuren des Menschen, aber in Afrika und Asien sind robuste Dartianer und *Homo erectus* vorhanden.

In der frühen Zwischeneiszeit – dem Cromer-Interglazial – erscheint der Mensch in Europa. Dies ist der sog. Heidelbergmensch. Vor etwa einer halben Million Jahren war ein großer Teil Europas vom Eis der großen Elsterzeit bedeckt, doch in einem Interstadial dieser Kaltzeit finden wir abermals Beweise für die Anwesenheit des Menschen, diesmal in Ungarn.

Danach kommt das Holstein- oder »Große« Interglazial, die Zeit des Swanscombemenschen in England und des Steinheimmenschen in Deutschland – vor etwa einer Viertelmillion Jahren. Die Fauna hat sich jetzt seit dem frühen Pleistozän verändert, und neue Arten herrschen vor. Ein großer Damhirsch ist besonders für England charakteristisch, und der Auerochse oder Ur kommt nach Europa.

Dann breiteten sich die Eisflächen der Saale-Vereisung über Gebiete, die umfangreicher waren als vorher oder nachher. Dennoch gibt es auch hier Beweise für menschliche Besetzung, mindestens in den milderen Interstadialphasen, beispielsweise in Montmaurin in Frankreich.

Die letzte Zwischeneiszeit, das Eem-Interglazial, beginnt vor etwa 100 000 Jahren. In dieser warmen Übergangsphase suhlen sich Flußpferde in englischen Flüssen, und frühe

Neandertaler schlagen ihre Lager in Eurasien und Nordafrika auf. Dann, vor etwa 70000 Jahren, begann die letzte, die Weichselvereisung. Eiche, Weiß- und Rotbuche verschwinden aus Mitteleuropa, und Kiefernwälder breiten sich über das Land aus, doch auch sie müssen der kriechenden Zwergbirke und später der Tundra Platz machen. Schließlich steht die mächtige Eisschicht 3 km dick über Nordeuropa und reicht nach Südengland und bis Berlin hinunter. Das behaarte Mammut und das Wollnashorn findet man auf dem ganzen Kontinent, und die Neandertaler machen Jagd auf sie, um sich von ihnen zu ernähren.
Seit etwa 30000 bis 40000 Jahren gibt es ein Interstadial. Während dieser Zeit dringt der moderne Mensch in Europa ein, und bald ist der Neandertaler verschwunden. Es folgt eine Endphase mit extremer Kälte, dann schmelzen die Eisschichten, und Pflanzen und Tiere des gemäßigten Typs drängen von Südosten her nach Europa hinein. Das ist der Beginn der Flandern-Zwischeneiszeit, die vor 10000 bis 12000 Jahren begann.
Dieses Flandern-Interglazial hat bis jetzt den Wandel von der Altsteinzeit bis zur modernen Zivilisation miterlebt. Wir leben immer noch in dieser Flandern-Zwischeneiszeit, doch ihr wärmster Teil – ihr Optimum – ist schon seit mehreren Jahrtausenden vorüber. Noch ein paar tausend Jahre, und die nächste Vereisung wird bei uns eingezogen sein, es sei denn, daß die Einflüsse, die der Mensch ausübt, das Klima radikal ändern. Und dieser Wechsel zwischen kalt und warm wird sich noch viele Jahrmillionen fortsetzen, wenn die pleistozäne Eiszeit dem uns aus früheren Eiszeiten bekannten Muster folgt.

Auftritt des Menschen

Der Name *Pithecanthropus* (Affenmensch) wurde von Ernst Haeckel zu Darwins Zeiten für eine hypothetische Übergangsform zwischen Affen und Menschen geprägt. Später wendete E. Dubois diesen Namen auf den frühen, fossilen menschlichen Typ an, den er 1891/92 in Java fand. Wir wissen heute, daß es etwas wie Haeckels »fehlendes Glied« (in der Kette zwischen Mensch und Affe) überhaupt nicht gegeben hat und daß der von Dubois entdeckte fossile Mensch zu menschlich ist, als daß man ihm eine eigene Gattung zuweisen dürfte. Also Abgang des *Pithecanthropus* und Auftritt des *Homo.*

Dubois machte seine Entdeckungen in Trinil, einem Dorf am Solofluß in Mitteljava, auf dem Höhepunkt einer langen Forschungsreise, die im Jahr 1889 auf Sumatra begonnen hatte, dann nach Ostjava und schließlich nach Trinil führte. Die entscheidenden Funde waren ein Schädeldach im Jahr 1891 und ein Oberschenkelknochen, der im nächsten Jahr ausgegraben wurde. Dubois kehrte mit seiner Beute in die Niederlande zurück. Die gleiche Fundschicht enthielt, wie sich herausstellte, vier weitere Oberschenkelknochen dieses Hominiden, dazu eine ungeheure Menge tierischer Knochen. Diese werden noch heute von Fachleuten studiert und ergeben neue Informationen über das tierische Leben Indonesiens vor über einer halben Million Jahren.

Dubois schätzte den Inhalt der Schädelhöhle auf 800 bis 1000 ccm, was etwa in der Mitte zwischen den Werten für Gorilla und modernem Menschen liegt. Deshalb hielt er den

Gattungsnamen *Pithecanthropus* für angemessen. Haeckel hatte gemeint, daß sein »fehlendes Glied« der Sprache nicht mächtig sei, und ihm deshalb den Artnamen *alalus* – sprachelos – gegeben. Doch Dubois stellte fest, daß der Oberschenkel dem des heutigen Menschen völlig gleich war, so daß sein »*Pithecanthropus*« völlig aufgerichtet ging, also nicht die eigentümlich gebückte Kreatur war, die sich Haeckel vorgestellt hatte. Deshalb prägte Dubois nun den Artnamen *erectus* (aufgerichtet).

Heute weiß man, daß dieses Geschöpf trotz seines kleinen Gehirns sehr nahe mit uns selbst verwandt ist; deshalb sind verschiedene Gattungen nicht gerechtfertigt. Das bedeutet, daß man dieses Wesen *Homo erectus* nennen muß, wenn dieser Name, vom etymologischen Standpunkt aus betrachtet, natürlich auch fast sinnlos ist: es gibt keine Art der Gattung *Homo*, die nicht aufgerichtet ist, und *Homo erectus* war nicht der erste Hominide, der aufrecht stand.

Als Dubois zu Haus in Leiden seine Trophäen ausstellte, begegnete er der üblichen Skepsis. Viele Gelehrte erkannten Dubois' Ansichten an, doch einige der einflußreichsten Anthropologen – etwa Rudolf Virchow – bemühten sich sehr, sie zurückzuweisen: für Virchow war der Schädel der eines Affen, der Oberschenkelknochen der eines modernen Menschen. Verbittert schloß Dubois seine unschätzbaren Fossilien für mehr als 30 Jahre ein. Erst im Jahr 1927 erhielten seine Kollegen die Erlaubnis, sie wieder anzusehen.

In den dreißiger Jahren entdeckte G. H. R. von Koenigswald weiteres ausgezeichnetes Material des *Homo erectus*, sowohl in der Fundschicht von Trinil als auch in den noch älteren Lagerstätten von Djetis. Nach einer Kalium-Argon-Datierung der sogenannten Tektiten – eines Riesenschwarms von Meteoriten, der zur Zeit der Trinilschicht in Südasien niederging – liegt das Alter der Trinil-Fossilien bei etwa 600 000 Jahren, während die Djetis-Form sogar noch älter ist, möglicherweise über eine Million Jahre.

In der Djetis-Schicht fand Koenigswald auch einige Reste

eines Hominiden mit sehr mächtigem Kiefer. Dieser erhielt den Namen *Meganthropus*, wird jedoch heute gewöhnlich für einen Dartianer gehalten. Nach dem Zweiten Weltkrieg wurden weitere Fossilien sowohl des *Homo erectus* als auch dieses Dartianers gefunden.

In den frühen zwanziger Jahren entdeckte J. G. Anderson Stücke von bearbeitetem Quarzit in einer anderen wichtigen Fundstätte des *Homo erectus:* Choukoutien in der Nähe von Peking. Die bearbeiteten Quarzitstücke brachten ihn zu der Ansicht, daß dort auch Fossilien früher Menschen der Entdeckung harrten. Im Jahr 1927 fand B. Bohlin tatsächlich einen Backenzahn. Und in den folgenden Jahren wurden in Choukoutien unter Leitung von W. C. Pei viele Schädel, Kiefer und andere Knochen ausgegraben. Schließlich stellte das gesammelte Material über 40 Individuen dar. Leider ging das gesamte Material während des Krieges verloren. Heute stehen nur noch Abgüsse zur Verfügung. In den letzten Jahren sind jedoch weitere Fossilien in Choukoutien gefunden worden.

Das Alter des Pekingmenschen ist lange strittig gewesen, doch heute wird er gewöhnlich in die zweite (Holstein-) Zwischeneiszeit gestellt. Das entspricht einem Alter von etwa einer Viertelmillion Jahren. Dieses Material ist deutlich jünger als das des Javamenschen, doch es gibt einen weiteren Fund aus China, der ebenso alt sein könnte wie die javanischen Fossilien – einen Schädel aus Lantian in der Provinz Schensi.

Homo erectus ist auch in Afrika entdeckt worden. C. Arambourg und R. Hoffstetter fanden in Ternifine bei Mascara, Algerien, drei Kiefer und ein Schädelfragment, die eng mit dem Pekingmenschen verwandt sind. Das Alter mag eine halbe Million Jahre betragen. Einige andere Fundstätten in Nordafrika haben weitere Fragmente geliefert.

In Olduvai in Tansania sind in verschiedenen Schichten, die dem Alter nach von einer halben bis zu etwa einer Million Jahre reichen, Fossilien ausgegraben worden, die von *Homo erectus* zu stammen scheinen. Die frühesten sind mindestens so alt wie die Djetismenschen von Java, während die jüngsten Zeitgenossen des Ternifinemenschen sein könnten. Schließlich scheinen auch einige Kiefer und Schädelfragmente aus Swartkrans im Transvaal – aus der Höhle, die durch die große Zahl der Funde von Überresten robuster Dartianer berühmt wurde – *Homo erectus* zuzugehören.

Wir sehen also, daß die verschiedenen Formen, die als *Homo erectus* bezeichnet werden, dem Alter nach zwischen einer Million und einer Viertelmillion Jahren liegen und räumlich von China bis Südafrika reichen. In diesem großen Gebiet und während dieser langen Jahrtausende fand eine tiefgreifende Entwicklung statt. Beispielsweise wuchs das Hirnvolumen von 800, 900 ccm bei den frühen Formen auf 1000, 1100 ccm bei den späteren an. Diese Veränderung spiegelt sich im Schädelprofil wider. Die Stirn flieht bei den frühesten Formen, während die späteren *erectus*-Vertreter eine gewölbte Stirn besitzen.

Viele Merkmale dagegen bleiben gleich, etwa die mächtigen Überaugenwülste, eine Verengung des Schädels unmittelbar hinter den Augen, der brötchenförmige Schädel mit ausgeprägten Nackenleisten und die bemerkenswerte Dicke des Schädeldachs, die zu der des recht dünnschädligen grazilen Dartianers im Gegensatz steht. Das Gesicht springt mit starken Kiefern vor, wenn diese auch viel schwächer sind als bei den Dartianern, und auch die Backenzähne sind kleiner. Die Menschen der Art *Homo erectus* wurden etwa 155 cm groß – die Männer etwas größer, die Frauen ein wenig kleiner – und waren also entschieden größer als die pygmäenhaften grazilen Dartianer. Ihre Haltung war ebenfalls völlig aufrecht.

Eine vielfältige Auswahl von Steinwerkzeugen bezeugt die Geschicklichkeit des *Homo erectus* bei der Bearbeitung von Steinen, und zahllose Überreste von Hirschen und anderem Wild in Choukoutien beweisen seine Tüchtigkeit als Jäger. Es gibt in Choukoutien auch fossile Herde, die zeigen, daß der Pekingmensch das Feuer zu nutzen verstand. Dagegen finden sich keine Spuren von Bestattungen, aber die Schädel von Choukoutien zeigen, daß die Basis aufgebrochen und das Gehirn herausgenommen worden war, ehe man die Schädel in die Höhle brachte. Das Gehirn wurde offensichtlich gegessen: Das ist der früheste Beweis für etwas, was möglicherweise ein religiöser Ritus gewesen ist. Es könnte darauf hindeuten, daß sich *Homo erectus* mit dem Problem von Leben und Tod beschäftigte.

Wenn auch viel über die spätere Form des *Homo erectus* bekannt ist, die in den Felsen von Choukoutien wohnten, so haben wir doch nur wenig Informationen über die Gewohnheiten früherer Mitglieder dieser Art. In Olduvai weist der frühe *Homo erectus* eine Steinzeitkultur von dem Typ auf, die nach Abbeville an der Somme benannt worden ist. Das Abbevillien wird charakterisiert durch den sogenannten Faustkeil, ein birnenförmiges oder ovales Gerät, hergestellt durch rohes Zuhauen auf beiden Seiten und rundherum, wobei sich ziemlich unregelmäßige, eingekerbte Ränder ergeben. Der Faustkeil ist ein Vielzweckwerkzeug. Der spätere *Homo erectus* – sowohl in Olduvai als auch in Ternifine – stellte eine verfeinerte Art von Faustkeilen her, die Acheuléen-Variante mit geraderen und ordentlicheren Kanten. Die Acheuléen-Kultur weist viele andere Geräte auf: Hausteine, Kratzer, messerähnliche Klingen und Rundschaber. Acheuléen-Kulturen sind aus weiten Gebieten bekannt, vom Kap im Süden bis nach England im Norden, doch nicht alle Vertreter des Acheuléen waren *Homo erectus*.

Seit Vorstehendes geschrieben wurde, ist neues Beweismaterial ans Licht gekommen, wonach das Auftreten des *Homo* noch früher als vor einer Million Jahren, wie oben gesagt wurde, geschehen sein könnte. Ein guterhaltener Schädel, den Dr. R. Leakey kürzlich in Kenia fand, deutet darauf hin, daß ein Menschentyp mit verhältnismäßig großem Gehirn bereits vor fast drei Millionen Jahren vorhanden war. Der Schädelinhalt wird auf etwa 800 ccm geschätzt, was zwischen dem typischen grazilen Dartianer und dem typischen *Homo erectus* läge, und die Schädelmorphologie zeigt dem Dartianerstadium gegenüber einen deutlichen Fortschritt auf. Vermutlich hat sich dieser fortgeschrittene Menschentyp aus noch früheren Vorfahren vom Typ der grazilen Dartianer entwickelt und brachte seinerseits wiederum die besser bekannte Art des *Homo* hervor, der wir im Pleistozän begegnen. Der Fund demonstriert abermals das hohe Alter der menschlichen Linie und unterstützt damit die hier gezogenen Schlüsse.

Der Neandertaler

Das malerische Neandertal bei Düsseldorf ist nach dem Pastor und Kirchenlieddichter Joachim Neander benannt. Dieser Liederdichter und -komponist wäre recht erstaunt, wenn er erführe, was der Name Neandertal für spätere Generationen bedeutete. Die Hänge des Tales werden von Kalksteinklippen gebildet, in denen es viele Höhlen gibt. Im Jahr 1856 entdeckte ein Steinbrucharbeiter in einer dieser Höhlen fossile Knochen. Die Knochen wurden an C. Fuhlrott, Gymnasiallehrer im nahen Elberfeld, geschickt.
Man kann sich Fuhlrotts Überraschung vorstellen, als er diese Fossilien sah. Die Schädelkalotte war lang und niedrig und wies riesige Überaugenwülste auf, und der Oberschenkelknochen war schwer und eigentümlich gekrümmt. Etwas Ähnliches war der Wissenschaft bisher nicht bekannt, wenn sich auch später herausstellte, daß ein ebensolcher Schädel bereits 1848 in einer Höhle auf Gibraltar ausgegra-

ben worden war. Doch niemand hatte die Bedeutung des Fundes von Gibraltar erkannt, während sich Fuhlrott über die Signifikanz des Menschen aus dem Neandertal völlig klar war. Und so wurde 1856 das Geburtsjahr der paläoanthropologischen Wissenschaft – drei Jahre, bevor Darwins *Ursprung der Arten* erschien.
Fuhlrott fand in H. Schaafhausen, Evolutionswissenschaftler und Anatomieprofessor in Bonn, einen Mitarbeiter, der den Neandertaler als ausgestorbenen primitiven Menschentyp betrachtete. Der Fund wurde 1857 bei einem Kongreß in Kassel vorgestellt, doch wie gewöhnlich waren Entdeckung und Theorien zu neuartig und weitreichend, um sofort anerkannt zu werden. Statt dessen erklärte man, der Neandertaler sei ein mikrozephaler Idiot, ein Kosak aus den Freiheitskriegen oder ein alter Holländer oder Kelte. Virchow betrachtete ihn als ein pathologisches Exemplar, durch Rachitis und andere Krankheiten verkrüppelt, als einen Menschen, der einen Schlag über den Schädel bekommen habe, wodurch die unnatürliche Schwellung über den Augen entstanden sei, und der schließlich im Greisenalter an Gicht gelitten habe.
Fuhlrott und Schaafhausen ließen sich nicht entmutigen, und das Opfer all dieser angeblichen Unglücksschläge, der Neandertaler selber, wurde bald bei den Anthropologen salonfähig. Wenn Virchows Autorität in Deutschland auch unbestritten war, so besuchte doch C. Lyell aus England mit Fuhlrott die Fundstätte und stellte das große Alter des Fundes fest. W. King beschrieb darauf den fossilen Menschen als eine eigene Art: *Homo neanderthalensis.*
Dann erinnerte man sich des Gibraltar-Schädels und legte ihn im Jahr 1864 einem Kongreß vor. Zwei Jahre später fand E. Dupont ein Kieferfragment eines Neandertalers in einer Höhle bei La Naulette bei Dinant in Belgien. Andere Funde kamen aus Böhmen, und im Jahr 1882 entdeckte K. J. Maška den Kiefer eines Kindes in der Šipka-Höhle in Mähren. Zwei Neandertalerskelette wurden von J. Fraipont und M. Lohest

in zweifellos pleistozänen Lagerstätten der Höhle in Spy d'Orneau bei Namur ausgegraben. Seither sind viele weitere Entdeckungen gemacht worden.

Allmählich konnte man nachweisen, daß die Neandertaler verhältnismäßig späte Erscheinungen waren. Die meisten stammen aus der letzten, der Weichselvereisung – oder genauer aus ihrem ersten Teil bis vor 35 000 Jahren, als dieser Menschentyp anscheinend bereits wieder verschwand. Einige wenige lebten in der vorausgehenden Warmzeit, dem Eem-Interglazial.

Doch die Neandertaler haben Vorgänger in Europa, und man könnte sogar sagen, daß es da eine besondere europäische – oder vielleicht richtiger nordeurasische – Entwicklungslinie gab, die eine etwas andere Abzweigung nahm als der weitverbreitete *Homo erectus* des Südens und Ostens.

Das älteste bekannte Mitglied dieser Linie ist der Heidelbergmensch, dessen Kiefer im Jahr 1907 in der Grafenrain-Sandgrube in Mauer bei Heidelberg gefunden wurde. Die Fundstätte war seit langem von O. Schoetensack untersucht worden, der den Eigentümer und die Arbeiter auf die Möglichkeit hinwies, daß dort frühmenschliche Fossilien unter den Tierknochen gefunden werden könnten, die man ständig an dieser Stelle ausgrub. Deshalb war niemand überrascht, als der Kiefer ans Licht kam, und es wurde ein Notar gerufen, um ein Protokoll über die Umstände aufzunehmen.

Und sein Alter? In dem Punkt gibt es zum Glück keinerlei Schwierigkeiten. Die reiche Säugetierfauna von Mauer, dazu die Schichtenfolge der Fundstätte stellen den Kiefer unzweideutig in die Cromer-Zwischeneiszeit, d. h. er ist eine halbe Million Jahre alt, liegt also durchaus in der Zeitspanne des *Homo erectus* in Asien und Afrika.

Doch der Kiefer unterscheidet sich in verschiedenen Punkten von dem des typischen *Homo erectus*. Die Zähne sind beispielsweise verhältnismäßig klein, obwohl der Kiefer selbst recht massig ist und einen breiten, sehr flachen und nur wenig eingekerbten Ast besitzt. Solche Unterschiede gegenüber dem *Homo erectus* sind ebenso wie die neandertalähnlichen Merkmale von vielen Gelehrten festgestellt worden, zuletzt von F. C. Howell.

Weitere Beweise für besondere Züge der Europäer des mittleren Pleistozäns tauchten in den sechziger Jahren auf, als menschliche Fossilien bei Vértesszöllös in Ungarn aus Schichten ausgegraben wurden, die sich zweifelsfrei als dem Elster-Interstadial angehörig datieren lassen – das ist eine etwas mildere Phase in der großen Vereisung, die der Cromer-Zwischeneiszeit folgte. Diese Fossilien sind vermutlich etwa 400 000 Jahre alt. In der gleichen Schicht wurden Mengen verbrannter Knochen gefunden. Diese Knochen stellen die frühesten schlüssigen Beweise dar, die es erlauben, den Gebrauch des Feuers zu datieren.

Der wichtigste Überrest ist der hintere Teil eines Schädels. Er ähnelt dem *Homo erectus* in den großen Leisten für den Ansatz der Nackenmuskulatur, die anzeigen, daß dieser Mensch ebenso stiernackig gewesen sein muß wie die gleichzeitig auftretenden Formen in Asien und Afrika. Doch der von Schädeldach und -basis gebildete Winkel ist viel größer als beim *Homo erectus,* was darauf hinweist, daß auch das Hirnvolumen erheblich größer war. Der ungarische Anthropologe A. Thomas schätzt es auf etwa 1400 ccm, was weit über dem des *Homo erectus* liegt und selbst nach heutigen Maßstäben viel ist. Es stellte sich also heraus, daß die aus dem Kiefer von Mauer gezogenen Folgerungen richtig waren: diese alten mitteleuropäischen Menschen entwickelten sich in einer eigenen Richtung.

Eine eindrucksvolle Bestätigung dieser Folgerungen ergab sich kürzlich, als die Datierung eines Schädels, von dem man glaubte, er stamme aus dem späten Pleistozän, überprüft wurde – es handelt sich um den Menschen aus der Petralona-Höhle in Griechenland. Dieser bisher als Neandertaler betrachtete Mensch stammt, wie eine Analyse der Fauna der gleichen Zeit durch Professor O. Sickenberg ergibt, aus der Cromer-Zwischeneiszeit. Das bedeutet, daß wir jetzt den ganzen Schädel des Heidelbergmenschen besitzen, der, wie sich herausstellt, weit mehr Gehirn enthält als der mit ihm gleichzeitig lebende *Homo erectus*: das Schädelvolumen beträgt 1225 ccm – das ist ein »moderner« Wert. In mancher Hinsicht ähnelt der Schädel dem des Neandertalers, während er gleichzeitig einige primitive Merkmale aufweist, die an *Homo erectus* erinnern.

Am Ende der Elstervereisung wurde das Klima wieder wärmer, und wir gelangen in die Holstein-Zwischeneiszeit, als die Faustkeilkultur des Acheuléen in Europa in Blüte stand. Es gibt auch die Klingenkulturen in Abschlagtechnik des sogenannten Clactonientyps. Die Entdeckung des Steinheimmenschen durch F. Berckhemer in Deutschland und des Swancombemenschen durch T. Marston in England während der dreißiger Jahre identifizierte die Schöpfer der Faustkeilkultur des Acheuléen. Das Alter dieser Fossilien beträgt etwa 250 000 Jahre. An beiden Fundorten fand man Faustkeile vom Acheuléen-Typ, die den von *Homo erectus* in Afrika hergestellten sehr ähnlich sind; doch die Schädel selbst unterscheiden sich ganz erheblich von dem des *Homo erectus*.

Der Steinheimschädel ist bis auf einige Beschädigungen am Gesicht und den Verlust des Unterkiefers gut erhalten. Auch hier ist die Basis aufgeschlagen worden, was darauf hinweist, daß das Gehirn herausgenommen worden ist. Der Schädel wurde in Flußkiesschichten in Steinheim bei Marbach in Württemberg in gleicher Ebene mit der reichen Säugetierfauna des Holstein-Interglazials gefunden.

Der Schädel stammt von einem ziemlich kleinen, grazilen Kopf, der vermutlich einer Frau gehört hat. Das Hirnschädelvolumen ist verhältnismäßig klein, etwa 1150 ccm, doch der Kopf ist abgerundet und besitzt eine gutentwickelte Stirn. Von der Schädelverengung hinter den Augen, wie man sie bei *Homo erectus* sieht, ist hier keine Spur zu finden, und die Überaugenwülste sind auch gut entwickelt, obwohl doch weit kleiner als bei dem gleichzeitig lebenden Pekingmenschen. Der Hinterkopf ist ebenfalls abgerundet, die starken Leisten fehlen. Viele Einzelheiten sind denen des heutigen Menschen recht ähnlich: beispielsweise die Form des Jochbeins und die des Warzenfortsatzes gleich hinter dem Ohr sowie die hohe Schädelwölbung. Andere Einzelheiten deuten vielleicht auf den Neandertaler hin.

Der Swanscombe-Schädel, in alten Kiesschichten der Themse gefunden, der sich zweifelsfrei aus der Holsteinwarmzeit datiert, gehört zu einem etwas größeren Individuum und hat deshalb eine größere Schädelkapsel – sie ist auf etwa 1300 ccm geschätzt worden. Die Unterschiede in den Schädeln von Vértesszöllös, Swanscombe und Steinheim – 1400, 1300 und 1150 ccm – sind für eine Population dieses Typs normal, wobei der Swanscombe-Wert vermutlich ungefähr dem Durchschnitt entspricht.

Leider ist der Swanscombe-Schädel alles andere als vollständig. Ursprünglich wurden zwei Knochen gefunden, das linke Scheitel- und das Hinterhauptsbein. Das rechte Scheitelbein des gleichen Schädels entdeckte J. Wymer nach dem Krieg. Die Ähnlichkeit mit dem Steinheimmenschen ist auffallend, wenn die Knochen auch etwas dicker sind (vermutlich handelt es sich hier um einen Mann). Als Einzelheit sollte vielleicht angemerkt werden, daß das Muster der Hirnschlagaderverästelung, das man an den Abdrücken auf der Innenseite der Schädelknochen studieren kann, im Vergleich zu dem des *Homo erectus* sehr fortgeschritten ist. Diese Arterie versorgt das Gehirn mit Blut, und ihre Kompliziertheit spiegelt die des Gehirns wider. Das Muster, das der Swanscombemensch aufweist, findet sich sogar bei manchen heutigen Menschen.

Nach diesen Funden hatten also die Menschen der Holsteinzeit in Europa etwas von der Ungeschlachtheit verloren, die den Kopf des Menschen aus der Elsterzeit charakterisierte, besaßen jedoch weiter ein verhältnismäßig großes Gehirn. Es besteht wenig Schwierigkeit, den modernen

Menschen von einem Wesen wie dem Steinheim-Swanscombe-Menschen abzuleiten. Doch diese könnten auch Vorfahren des Neandertalers sein.
Es ist jedoch noch ein tüchtiger Schritt von der Holsteinzeit vor 200000 bis 250000 Jahren bis zu den frühen echten Neandertalern der Eemzeit vor etwa 100000 Jahren. Diese Zeitspanne wird überbrückt von einem Fund aus der Höhle Montmaurin bei Saint-Gaudens in Frankreich, der entweder vom Ende der Holsteinzeit oder aus einem Interstadial der Saalevereisung stammt. Das Alter kann vielleicht grob auf 150000 bis 200000 Jahre angesetzt werden. Wie H. V. Vallois bemerkt, würde der Unterkiefer sehr gut zu dem Steinheimschädel passen. Gleichzeitig weist er jedoch gewisse Merkmale auf – etwa den robusten Bau und die kleinen Zähne –, die an den noch älteren Unterkiefer von Mauer erinnern.
Obwohl diese Europäer dem *Homo erectus* körperlich recht unähnlich waren, wiesen sie eine Kultur von gleicher Art auf, was wiederum zeigt, daß man die Begriffe Rasse und Kultur nie verwechseln darf.
Die Acheuléenmenschen von Swanscombe schlugen ihre Lager an den Themseufern auf, und man glaubt, daß die Holzkohlefunde aus diesem Gebiet von ihren Lagerfeuern stammen. In Hoxne (einer anderen Fundstelle aus der gleichen Zeit) deutet Beweismaterial darauf hin, daß der Wald zielbewußt abgebrannt wurde. Pollendiagramme zeigen eine plötzliche Erweiterung der Graslandgebiete in der gleichen Schicht, in der die Holzkohlehaufen und Acheuléengeräte enthalten sind.
Weiteres wichtiges Material über den Menschen der Holsteinzeit ist jetzt von Dr. H. de Lumley in der Höhle von Arago in den Pyrenäen gefunden worden: Zähne, Schädel- und Kieferfragmente verschiedener Individuen, sogar eine Hand zusammen mit klar abgrenzbaren kulturellen Resten. Die neuen Funde bestätigen die Schlüsse, die aufgrund der Funde von Steinheim und Swanscombe gezogen wurden.

Während des größten Teils der spätpleistozänen Eiszeit – Eemwarmzeit und erster Teil der Weichselvereisung oder, grob gerechnet, vor 100000 bis 35000 Jahren – lebte in Europa und den benachbarten Gebieten der Neandertaler. Der »klassische« oder extreme Neandertalmensch, für den Fuhlrotts erster Fund ein Beispiel ist, erwies sich als der typische Europäer der frühen Weichselvereisung. Es gibt viele weitere Funde, überwiegend aus Höhlenablagerungen in Europa, z. B. das vollständige Skelett von La Chapelle-aux-Saints in Südwestfrankreich. Das war ein alter, fast zahnloser Mann, in Schlafstellung in einem flachen Grab im Höhlenboden zusammen mit einem Wisentbein beerdigt, das ihn auf seiner Reise ins Unbekannte ernähren sollte.
Die körperlichen Merkmale dieser Menschen waren eigentümlich. Sie waren von kleinem Wuchs – Männer im Durchschnitt 150 bis 160 cm, Frauen unter 150 cm –, aber äußerst robust und kräftig gebaut. Die Größe des Kopfes ist bemerkenswert. Er ist ungemein lang, weit länger als der Kopf eines normalen heutigen Menschen, und wegen seiner Länge wirkt er niedrig und schmal, obwohl er tatsächlich ebenso hoch und breit wie der der meisten heutigen Menschen ist. Daraus darf man schließen, daß die Schädelkapsel der Neandertaler ungewöhnlich groß war, und das gilt auch, obwohl der Schädelknochen sehr dick ist. Das Gehirn hat eine Durchschnittsgröße von 1450 ccm, also etwas mehr als die des heutigen Menschen. Im Verhältnis zu seiner Größe hatte der Neandertaler ein größeres Gehirn als wir.
Doch die Größe allein bedeutet nicht unbedingt überlegene Intelligenz, denn dazu ist auch die Hirnstruktur wichtig. Das Elefantenhirn, das viel größer ist als das des Menschen, ist eins der größten Gehirne, die es überhaupt gibt: Dennoch ist nicht zu bezweifeln, daß viele andere Tiere klüger sind als Elefanten.
Beim Neandertaler liegt die übermäßige Größe hauptsächlich im hinteren Teil des Gehirns, während die für die Intelligenz wichtigsten Hirnzentren im vorderen Teil liegen.

Dieser mag etwas primitiver gewesen sein als beim heutigen Menschen, aber die wirkliche Bedeutung solcher Unterschiede ist sehr schwer abzuschätzen. Das Intelligenzniveau ist bei den heutigen Menschen sehr unterschiedlich, das gleiche galt vermutlich auch für die Neandertaler. Die tüchtigsten Neandertaler könnten – bei gleichen Chancen – heutigen Genies gewachsen gewesen sein. Doch die Welt der Neandertaler war keine Welt, in der Genies besonders erfolgreich gewesen wären.
Wie die Schädelkapsel ist auch das Gesicht groß mit gutentwickelten Augen- und Nasenhöhlen. Die Augenhöhlen sind fast kreisförmig, und der Oberkiefer wirkt aufgetrieben. Jochbeine und Unterkiefer sind kräftig und weisen wie die Schläfenlinien darauf hin, daß die Kaumuskeln sehr stark waren.
Wegen der Schwere des Gesichts mußten die Nackenmuskeln kräftig sein, um den Kopf im Gleichgewicht zu halten. Wir finden deshalb auch die vertrauten Leisten am Hinterkopf, die für einen Stiernacken sprechen. Hände und Füße sind groß, Arme und Beine jedoch ziemlich kurz. Die meisten Langknochen sind leicht gekrümmt, und die beiden Knochen des Unterarms weisen einen größeren Zwischenraum auf als bei uns. Offensichtlich besaß der Neandertaler große Körperkraft. Der Körper war robust und kompakt gebaut, vermutlich ausgezeichnet dafür geeignet, durch das dichte Gestrüpp des Waldes zu brechen.
Die dem Neandertaler eigene Kultur ist das Moustérien, eine Abschlagskultur (d. h. eine Kultur, in der viele Werkzeuge aus Steinabschlägen gemacht wurden), typisch für ein Jägervolk. Die Tierknochen, die er in die von ihm bewohnten Höhlen brachte, bezeugen ebenfalls seine Lebensweise als Jäger. Das sehr robuste Gebiß scheint dagegen darauf hinzuweisen, daß die Neandertaler genau wie die robusten Dartianer einen Teil des Jahres von pflanzlicher Kost lebten. Die Neandertaler kannten den Gebrauch des Feuers – fossile Feuerstellen und verbrannte Knochen sind häufig zu

finden. Bisweilen haben sie auch als Kannibalen gelebt. Im jugoslawischen Krapina sind viele Neandertalerknochen gefunden worden, die aufgeschlagen und angekohlt sind. In einer Höhle von Monte Circio bei Rom ist ein Neandertalerschädel gefunden worden, der an der Basis abgeschlagen worden ist; er könnte als rituelles Trinkgefäß benutzt worden sein.

Die Tischmanieren der Neandertaler sind durch eine mikroskopische Untersuchung der Vorderzähne erhellt worden, über die F. E. Koby schreibt. Der Schmelz ist durch zahllose parallele Kratzer beschädigt, die zustande kamen, wenn die Nahrung in den Mund gestopft und das, was nicht mehr hineinpaßte, mit einer Feuersteinklinge abgeschnitten wurde. Die Klinge berührte die Zähne und hinterließ dort Kratzer. Diese Gewohnheit findet man auch bei Eskimos und anderen Völkern. Die Richtung der Kratzer macht deutlich, daß die Neandertaler Rechtshänder waren. Plötzlich wird ein lebendiges Bild heraufbeschworen, das diese wilden Höhlenbewohner zeigt, wie sie sich hungrig im Kreis um die frische Beute versammeln. Es wird geschrien und geschwatzt. Das Licht des knisternden Feuers flackert. Fett verbrennt zischend in den Flammen, es riecht nach bratendem Fleisch, nach Rauch und nach trocknenden Fellen. Bei alldem geht es um den Eiszeitneandertaler, der in der ersten Hälfte der letzten Vereisung gelebt hat. Seine Vorgänger in der Eem-Warmzeit sind in mancher Hinsicht weniger extrem und erinnern an die noch frühere Steinheim-Swanscombe-Gruppe.

In dem Gebiet um Weimar gibt es dicke Schichten von Kalktuffen, die in Interglazialzeiten von Mineralwasserquellen abgelagert worden sind. In diesem Tuff sind fossile Knochen sehr häufig, darunter auch eine Reihe von menschlichen Schädel- und Kieferfragmenten. Zu den gefundenen Tieren gehören Edel- und Damhirsch, Reh, Luchs, Wildkatze, Waldelefant und andere typische Mitglieder der Waldfauna des Eem-Interglazials.

Andere Funde stammen aus den Eem-Ablagerungen in Saccopastore in Italien. Wie in den deutschen Fossilien ist auch der Saccopastoremensch weniger extrem als die späten Neandertaler. Die Schädel sind abgerundeter, die Überaugenwülste weniger hervortretend und die Gesichter etwas weniger vorgewölbt. Ein überaus bemerkenswertes Schädelpaar stammt aus Eem-Ablagerungen in der Höhle bei Fontéchevade in Frankreich. Obwohl der Fontéchevademensch verhältnismäßig flachköpfig ist, hat er doch eine steile und modern aussehende Stirn, und bei dem einen der beiden unvollständigen Schädel fehlen die für den Neandertaler so typischen Überaugenwülste völlig. Diese beiden Schädel stehen dem heutigen Menschen offensichtlich sehr nahe.

All diese Fossilien aus der Eemzeit sind 80 000 bis 100 000 Jahre alt und bilden damit ein Glied in der Kette von den noch älteren Holstein-Menschen aus Steinheim und Swanscombe. Anscheinend führt eine Entwicklungslinie mit allmählichen Veränderungen von frühen Einwanderern des Heidelbergtyps zu den charakteristisch extremen Neandertalern der letzten Vereisung. Doch an diesem Punkt findet die Linie ein Ende. Nach etwa 35 000 Jahren vor der heutigen Zeit sind die Neandertaler verschwunden. Über ihr Schicksal sind manche Überlegungen angestellt worden, doch darüber später.

Reste von Menschen, die dem Neandertaler nah verwandt sind, kennen wir aus Nordafrika, dem Vorderen Orient, aus dem Irak und aus Usbekistan bis in die Mongolei und nach China. Der chinesische Neandertaler wird von einem Schädel aus Mapa in Kwantung repräsentiert, der etwas älter als der aus der Eemzeit sein könnte, wenn auch nicht so alt wie der Pekingmensch. Der mongolische Fund aus Ordos besteht lediglich in einem Zahn. In Usbekistan wurde das Skelett eines beerdigten Kindes in der Höhle von Teshik Tash ausgegraben. Die große Shanidarhöhle im nordwestlichen Irak hat mehrere Neandertalerskelette, sowohl Erwachsene als auch Kinder, erbracht, einige von Steinen zermalmt, die von der Höhlendecke herabgestürzt waren. In den Höhlen des Berges Karmel, von Shukbah und Zuttiyeh in Israel und von Ksar Akil im Libanon sind weitere neandertalerähnliche Menschen ausgegraben worden. Diese östlichen Neandertaler sind, obwohl sie zur gleichen Zeit wie die in Europa gelebt haben, in mancher Hinsicht weniger extrem – etwa in der Form der Überaugenwülste: bei den Europäern bilden diese häufig eine einzige (visierähnliche) Leiste quer über das ganze Gesicht, bei den östlichen Funden sind die Wülste über den beiden Augen voneinander getrennt.

Der moderne Mensch

Vor etwa 35 000 Jahren erscheint ganz plötzlich der moderne Mensch in Europa. Es ist keine Übergangsform von den Neandertalern zu diesen im wesentlichen modern aussehenden Menschen bekannt, die man Cromagnonmenschen genannt hat. Überdies sind diese neuen Europäer zweifellos nicht so etwas wie ein »allgemeiner« *Homo sapiens*, sondern gehören unbedingt zur kaukasischen oder »weißen« Rasse. Zu dieser frühen Zeit hatte sich der Mensch also bereits in verschiedene Rassen aufgespalten. Auf ähnliche Weise sind die ersten modernen Menschen in China als mongoloid zu erkennen, die in Australien sind mit den heutigen australischen Ureinwohnern verwandt, und die frühen Südafrikaner scheinen Vorfahren der Buschmänner zu sein. Woher sind sie alle gekommen?
Homo sapiens läßt sich leicht vom typischen Neandertaler

unterscheiden. Die Überaugenwülste sind schwach oder fehlen, die Stirn ist steiler, der Hinterkopf gerundeter, die Augenhöhlen eckig, das Gesicht weniger vorspringend, die Zähne kleiner und das Kinn stärker hervortretend. Die Hirnkapsel ist im Durchschnitt etwas kleiner als bei den Neandertalern, variiert jedoch in extremen Fällen von etwa 1000 ccm bis zum doppelten Volumen. Die Schädelknochen sind dünner und das Gesicht feiner als bei den Neandertalern. Auch die Knochen der Gliedmaßen sind zarter. Der Brustkorb ist flacher und weniger tonnenähnlich. Man könnte noch zahlreiche weitere anatomische Einzelheiten anführen.

Im Jahr 1868 entdeckte L. Lartet in der Crô-Magnon-Grotte bei Les Eyzies in der Dordogne, Frankreich, das erste *Homo-sapiens*-Material. Crô-Magnon war ein früherer Abri (überhängendes Felsdach), in dem die Reste von mindestens fünf Personen gefunden wurden. Das am besten erhaltene Skelett ist das eines Mannes von etwa 50 Jahren. Das Alter der Funde läßt sich auf etwa 25 000 Jahre schätzen. Diese Menschen sind charakterisiert durch großen Wuchs, lange Schädel, breite Gesichter und tiefe, breite Augenhöhlen.

Mehrere andere Funde aus dem letzten Teil der Weichselvereisung in Europa zeigen Ähnlichkeit mit den Menschen von Crô-Magnon. Das gilt für so frühe Funde wie die »Red Lady of Paviland«, die Buckland bereits 1823 in Südwales ausgegraben hatte, die Reste von Engis und Engihoul bei Lüttich, von P. C. Schmerling im Jahr 1829 entdeckt, und das Teilskelett von La Madeleine, von Crô-Magnon aus auf dem jenseitigen Ufer der Vézère, das E. Lartet, der Vater von L. Lartet, im Jahr 1864 fand. Spätere Entdeckungen wurden in Combe-Capelle in Frankreich gemacht – hier handelt es sich vermutlich um den bisher ältesten *Homo sapiens*, der in Europa gefunden wurde und der vielleicht über 35 000 Jahre alt ist –, ferner in den Grimaldihöhlen an der Riviera, in Předmost und Brünn in Mähren und an vielen anderen Orten, nicht nur in Europa, sondern auch in Nordafrika.

Ganz ähnliche Menschen sind bis heute die Guanchen auf den Kanarischen Inseln.

Manche von den Europäern der Weichselzeit unterscheiden sich jedoch in mancher Hinsicht von den typischen Cromagnonmenschen. In der Grotte des Enfants, einer der Grimaldihöhlen, wurden die Skelette einer Frau mittleren Alters und eines sechzehnjährigen Jungen gefunden. Sie sind gemeinsam bestattet worden und weisen leicht negroide Züge auf. Ob das wirklich bedeutet, daß sie mit den Negern verwandt sind, ist jedoch zweifelhaft, und das gleiche gilt für die angeblichen Eskimoeigenschaften eines Skeletts aus Chancelade in der Dordogne. Die Ähnlichkeit im letzten Fall ist nicht sehr stark und ist vermutlich auf Konvergenz, d. h. auf Anpassung an ähnliche Umwelt, zurückzuführen.

Die körperliche Veränderung vom Neandertaler zum modernen *Homo sapiens* wird von einem Kulturwandel begleitet – die Moustérien-Tradition wird durch jungpaläolithische Klingenkulturen ersetzt –, und dieser Übergang fand vor etwa 35 000 Jahren statt. Materieller Reichtum und Schönheit der kulturellen Überreste nehmen auffallend zu und finden ihren besonderen Ausdruck in der Höhlenkunst.

Im Nahen Osten ist die kulturelle Situation allerdings anders. Dort gibt es Funde sowohl von Neandertalern als auch von Vertretern des *Homo sapiens,* doch beide mit Überresten desselben Kulturtyps einer mittelpaläolithischen Tradition, in der die typisch jungpaläolithischen Klingenwerkzeuge fehlen. Die Situation erinnert in gewisser Hinsicht an die weit frühere Acheuléenkultur, die in Afrika mit dem *Homo erectus,* in Europa dagegen mit Präneandertalern verbunden war.

Neben den Neandertalern vom Berg Karmel sind nicht weniger als zehn *Homo-sapiens*-Skelette (meist unvollständig) in einer der Höhlen, der Skhul-Höhle, ausgegraben worden. Es sind fünf Männer, zwei Frauen und drei Kinder, die sämtlich bewußt bestattet worden sind. Eins der Kindergräber weist auf einen seltsamen Zwischenfall hin. Das dort beigesetzte Kind ist vier Jahre alt. Einige Zeit nach der Bestattung hat dort jemand zu graben begonnen und ist dabei auf die Kinderleiche gestoßen, wobei der Schädel beschädigt wurde. Doch dann muß der unbekannte Grabende aufgehört und die Grube wieder zugeworfen haben, weil er fürchtete, die Ruhe der Toten zu stören.

Die Menschen aus der Skhul-Höhle lebten ebenso früh wie die ersten Vertreter des *Homo sapiens* in Europa – zur Zeit des großen Interstadials der Weichselvereisung vor etwa 35 000 Jahren – und ähnelten den Cromagnonmenschen in mancher Hinsicht, auch in ihrem ziemlich großen Wuchs. Doch andere Merkmale erinnern wiederum an Neandertaler, besonders die kräftigen Überaugenwülste. Aber als der Skhul-Mensch lebte, war der Neandertaler des Nahen Ostens bereits verschwunden – die Neandertaler vom Berg Karmel beispielsweise sind mehrere Jahrtausende älter. Möglicherweise stellen diese Ähnlichkeiten ein bewahrtes Neandertalererbe dar, das auf eine Vermischung der ersten eindringenden Vertreter des *Homo sapiens* mit den heimischen Neandertalern zurückzuführen ist. Professor W. W. Howells teilte mir jedoch mit, daß seine neue Untersuchung des Materials nicht für die angeblichen Ähnlichkeiten des Skhul-Menschen mit Neandertalern spricht.

Allerdings könnte die Beibehaltung der alten kulturellen Tradition auf irgendeine Verbindung zwischen den Neandertalern und ihren Nachfolgern im Nahen Osten hinweisen, denn diese uralte Kultur blühte noch Jahrtausende weiter, nachdem ihre Schöpfer bereits ausgestorben waren. Schließlich wurde diese Kultur am Ende des Interstadials durch eine jungpaläolithische Klingenkultur verdrängt.

Auch in Ostasien folgte dem alten *Homo erectus* und dem »Neandertaler« von Mapa der *Homo sapiens*, diesmal in der Gestalt früher Mongoloider. Typische Reste sind die aus der Oberen Höhle von Choukoutien, sehr nahe der Fundstätte des Pekingmenschen, doch sehr viel jünger als dieser. Die dort entdeckten drei Schädel waren ursprünglich als drei verschiedene Menschentypen klassifiziert worden – Mongole, Melanesier und Eskimo –, was ein wirklich erstaunlicher Zufall gewesen wäre. Neuere Untersuchungen sprechen jedoch dafür, daß es sich bei den Schädeln um einen einzigen mongoloiden Stamm handelt.

In Südostasien – oder wenigstens auf den Sundainseln – lebten sehr primitive Menschen bis weit ins Pleistozän hinein. Dies ist etwa der Solo-Mensch von Java, der bisweilen auch als »tropischer Neandertaler« bezeichnet wird, obwohl man ihn wohl richtiger als späten Überlebenden vom *Homo erectus* betrachten muß. Die fossilen Reste, die in den frühen dreißiger Jahren von W. F. F. Oppenoorth und anderen ausgegraben wurden, bestehen aus elf Schädeldächern und zwei Schienbeinen. Einer der Schädel weist noch die Fraktur auf, die durch den tödlichen Schlag verursacht wurde. Die Gesichter, Kiefer und Schädelbasen fehlen, was darauf hindeutet, daß es sich um Überreste von einem Kannibalenmahl handelt. Die Schädel sind sehr lang und niedrig und weisen ungeheure Überaugenwülste sowie eine tiefe Verengung hinter den Augen auf. Das Hirnkapselvolumen schwankt nach den Schätzungen zwischen 1150 und 1300 ccm. Das ist, dem Stadium des Pekingmenschen gegenüber, ein Fortschritt. Das Gehirn ist jedoch kleiner als das der Neandertaler. Trotz dieser groben Schädel weist der Solo-Mensch ein ganz modernes Schienbein auf, das außerdem darauf schließen läßt, daß er etwas größer als der Neandertaler war.

Auch in diesem Gebiet erfolgt der Übergang von einem primitiven zu einem fortgeschrittenen Wesen sehr abrupt. Der Solo-Mensch verschwand, und an seiner Stelle finden wir plötzlich eine Anzahl ganz moderner Schädel, deren ältester der eines Jugendlichen aus der Großen Niah-Höhle in Sarawak ist – nach der C^{14}-Datierung etwa 40 000 Jahre alt. Dieser Schädel ist älter als alle europäischen und westasiatischen *Homo-sapiens*-Schädel, ja er ist überhaupt der älteste radiometrisch bestimmte Schädel eines modernen Menschen, der bis heute bekannt ist. Er ähnelt den Schädeln der tasmanischen und australischen Urbevölkerung und gehört vermutlich zu jener Population, von der die ersten Einwanderer Australiens abstammen. Nach verschiedenen C^{14}-Datierungen wurde Australien vor 30 000 bis 35 000 Jahren besiedelt. Andere frühe Funde kommen aus Keilor in Australien und Wadjak in Ostjava (eine der frühen Entdeckungen Dubois'), und auch sie ähneln der australischen Gruppe.

Während Nordafrika historisch Europa gleicht – Neandertalerland im ersten Teil der Weichselvereisung, Crô-Magnongebiet in ihrem zweiten Teil –, scheint Afrika südlich der Sahara von späten Überlebenden des *Homo erectus,* die dem Solo-Menschen ähneln, bevölkert gewesen zu sein. Der früheste Fund – aus dem Jahr 1921 – kommt von Broken Hill im heutigen Sambia und besteht aus einem Skelett, das in einer tiefen, schmalen Höhle entdeckt wurde. Wie der Solo-Mensch stammt dieser aus dem späten Pleistozän und ist vermutlich nicht älter als 30 000 bis 40 000 Jahre. Mit anderen Worten, der Broken-Hill-Mensch lebte zu einer Zeit, als sich der *Homo sapiens* allenthalben von Europa und Nordafrika im Westen bis nach China und Australien im Osten und Süden ausbreitete.

Doch der Broken-Hill-Mensch ist bestimmt kein *Homo sapiens.* Der Schädel ist sehr lang, das Gesicht überaus groß mit einer besonders breiten Nasenöffnung und ungeheuren Überaugenwülsten. Das Volumen der Hirnschale beträgt 1300 ccm. Eine ungewöhnliche Einzelheit ist das von Karies verheerte Gebiß. Doch obwohl der Kopf so primitiv ist, sieht das Körperskelett modern aus, ist zartknochig, und die spezialisierten Neandertalermerkmale fehlen am Körper völlig.

Ein zweiter Schädel dieses Menschentyps wurde im Jahr 1953 bei Hopefield, Saldanha Bay in Südafrika, entdeckt. Hier handelt es sich lediglich um ein Schädeldach, doch dieses ist der Form aus Sambia im wesentlichen gleich und zeigt, daß Menschen von diesem Typ durch ganz Afrika

südlich der Sahara streiften. Die Verwandtschaft zum Solo-Menschen könnte sehr eng sein.
Diesen späten Überlebenden des *Homo erectus* folgten in Südafrika Menschen vom Typ *Homo sapiens.* Der älteste Fund auf diesem Gebiet scheint der Florisbad-Mensch zu sein, der 35 000 Jahre alt sein könnte. Sein Schädel wurde bei einer heißen Quelle in der Nähe von Bloemfontein gefunden und weist eine Mischung fortgeschrittener und primitiver Merkmale auf. Letztere, etwa die ziemlich fliehende Stirn und die recht stark entwickelten Überaugenwülste, könnten gemischter Erbschaft zuzuschreiben sein – wie bei den Skhulmenschen im Nahen Osten.
Der Schädel aus Boskop im Transvaal und verschiedene ähnliche Reste von anderen Fundstellen könnten eine spätere Invasion repräsentieren. Die fünfeckige Form des Schädels (von oben betrachtet) und das kleine, infantile Gesicht erinnern an den heutigen Buschmann, aber der Boskop-Schädel ist erheblich größer als der des Buschmanns. Doch eine Verringerung der Größe seit der pleistozänen Eiszeit ist bei vielen Säugetieren auf der ganzen Welt so häufig, daß sich der Pygmäenwuchs des heutigen Buschmanns sehr gut aus normal großen Vorfahren vom Boskop-Typ entwickelt haben könnte.
Hier stehen wir nun vor einem großen Problem. Fast überall wurde entweder der späte *Homo erectus* oder der Neandertaler mehr oder weniger plötzlich vom *Homo sapiens* modernen Typs ersetzt. Überdies waren diese Invasoren bereits in verschiedene Rassen aufgespalten, deren Entwicklung einige Zeit gedauert haben muß. Aber wo entstand der *Homo sapiens*?
Eine Theorie, die in allerletzter Zeit von C. S. Coon formuliert worden ist, erklärt, daß sich im Norden die Menschen modernen Typs an Ort und Stelle aus Neandertalern und im Süden aus Menschen vom Solo- und Broken-Hill-Typ entwickelt hätten. Theoretisch läßt sich vielleicht einiges für diese Ansicht anführen, aber ich muß zugeben, daß sie mich

nicht überzeugt. Die Veränderung ist zu groß, die Zeit zu kurz, und in früheren Zeiten oder in anderen sich entwikkelnden Linien gibt es nichts Ähnliches. In Europa würde es sich um den Übergang von den extremen Neandertalern zu den Cromagnonmenschen handeln – zwei Menschentypen, die im Körperbau himmelweit voneinander verschieden sind –, und das in 5000 bis 10 000 Jahren, während die weit geringere Veränderung vom Steinheim-Swanscombe-Typ zum extremen Neandertaler mindestens 200 000 Jahre gedauert hätte. Im Süden mit den späten Daten für den Solo- und den Broken-Hill-Menschen wäre der Übergang sogar noch abrupter. Ich sage nicht, daß es unmöglich wäre, aber es schmeckt doch allzusehr nach Zufall und erfordert allzuviel spezielle Erklärung, als daß es dem Evolutionswissenschaftler annehmbar sein könnte.

Außerdem haben wir einiges Beweismaterial eines höheren Alters für typische Vertreter des *Homo sapiens* als die 30 000 bis 40 000 Jahre, vor denen die große Umschichtung stattfand. Erstens ist der 40 000 Jahre alte Junge (oder das Mädchen) aus der Großen Niah-Höhle bestimmt ebenso alt wie manche Neandertaler und südliche Vertreter des *Homo erectus* oder sogar älter. Dann gibt es die Funde der Kanjera-Ablagerungen in Kenia, die Leakey im Jahre 1932 entdeckte. Dabei handelt es sich um vier Schädel und einen Oberschenkelknochen, die dem Typ nach sämtlich ganz modern sind, außer daß die Schädelknochen ziemlich dick sind. Wenn man nach den Tierknochen aus der gleichen Fundstelle urteilt, sind sie mindestens 60 000 bis 70 000 Jahre alt. Es ist behauptet worden, daß ihre Lagerung in dieser alten Schicht auf Bestattung zurückzuführen sei, doch Untersuchungen der chemischen Zusammensetzung der Knochen und der der Tiere aus den gleichen Schichten sprechen dafür, daß sie Zeitgenossen waren. Kürzlich sind sehr frühe Reste des *Homo sapiens* in Omo in Äthiopien gefunden worden.

Doch es gibt noch ältere Fossilien vom *Homo-sapiens*-Typ.

Das sind zwei Schädel aus Fontéchevade in Frankreich, die bereits im vorigen Kapitel erwähnt wurden. Wie H. V. Vallois nachgewiesen hat, ist die Entwicklung der Stirn und der Überaugengegend beim Fontéchevade-Menschen nicht nur der vom Neandertaler völlig unähnlich, sondern gleicht der des modernen Menschen. Wir können sie schwerlich als Variante des Neandertalers betrachten.

Es sind außerdem Versuche gemacht worden, das Alter des Fontéchevade-Menschen in Zweifel zu ziehen, doch die Beweise dafür, daß er aus der Eemzeit stammt, sind durchaus schlüssig. Die beiden Schädel wurden im Jahr 1947 von erfahrenen Ausgräbern unter der überaus kompetenten archäologischen Leitung von Germaine Henri-Martin gefunden. Sie lagen in einer Schicht, die für die Eemwarmzeit typische Säugetiere enthielt, und die Ablagerung war zudem von einer dicken unberührten Tropfsteinschicht versiegelt, die eine spätere Bestattung völlig ausschließt. Wir kommen also nicht an der Tatsache vorbei, daß *Homo sapiens* – mindestens in einer frühen Form – in der Eemzwischeneiszeit in Europa lebte, und zwar höchstwahrscheinlich schon im frühen Teil dieser Warmzeit, also vor etwa 100 000 Jahren.

Das genügt als Nachweis dafür, daß der moderne Menschentyp seit recht langer Zeit existiert und sich vermutlich von einem Wesen ableiten läßt, das den Steinheim- und Swanscombemenschen der Holsteinzeit wahrscheinlich recht nahe stand. Die Hauptfrage lautet: Wo ist die ursprüngliche Heimat dieser Gruppe? Wir wissen es einfach noch nicht.

Woher dieser moderne Typ, der *Homo sapiens,* nun auch stammen mag, er begann vor mehr als 40 000 Jahren in verschiedene Richtungen zu wandern. Während die wandernden Stämme neue Gebiete besiedelten, entwickelten sie sich in Anpassung an die örtlichen Bedingungen und wurden auf diese Weise rassisch verschieden. Wie wir sahen, haben sich die meisten der großen heutigen Menschenrassen schon früh entwickelt – die Australoiden, die Mongoloiden, die Weißen und mindestens frühe Varianten der Buschmänner oder Khoisaniden. Die einzige große Rasse, die aus frühen Zeiten noch nicht bekannt ist, ist die negroide, doch es besteht kein Grund, sie für jünger als die anderen Rassen zu halten. Wie W. W. Howells gezeigt hat, differenzierte sie sich vermutlich im westafrikanischen Regenwald, woher fossile Urkunden im Augenblick noch so gut wie unbekannt sind.

Die fremde Art

Es gibt zwei Ansichten über die menschliche Evolution. Nach der einen hat sich die Menschheit wiederholt in verschiedene Arten aufgespalten – d. h. in Hominiden, die sich untereinander nicht fruchtbar fortpflanzen konnten und sich vermutlich gegenseitig auch nicht als »Menschen« (sondern vielleicht als Erdgeister oder Trolle) betrachteten. Später starben all diese Arten bis auf eine aus, und dieses Aussterben war gewöhnlich auf Wettbewerb, wenn nicht gar auf völlige Vernichtung durch Kämpfe zwischen den Arten zurückzuführen.

Nach der anderen Ansicht hat es niemals mehr als eine Menschenart auf einmal gegeben. Verschieden aussehende Hominiden, die gleichzeitig lebten, werden als individuelle Varianten oder höchstens als verschiedene Rassen angesehen. Die Kreuzung höre nie auf, und wenn ein Menschentyp – etwa die Solo-Form oder der Neandertaler – verschwände, dann läge das höchstwahrscheinlich daran, daß er von einem zahlenmäßig weit überlegenen Eindringling über-

schwemmt oder erdrückt würde. Diese Frage ist von großem Interesse, da sie für die Zukunft wichtig ist, wie ich in einem späteren Kapitel hoffe zeigen zu können.
Diejenigen, die meinen, es habe mehr als eine Art gleichzeitig gegeben, weisen auf die großen Unterschiede zwischen Hominiden hin, die in der gleichen Zeit lebten, etwa robuste Dartianer und *Homo erectus* von Swartkrans oder Neandertaler und moderner *Homo sapiens*, und behaupten, das beweise, daß sie in der Art verschieden gewesen seien. Diejenigen, die überzeugt sind, daß es jeweils nur eine Art gegeben habe, weisen auf das menschliche Sexualverhalten hin, das stets zu Vermischung führt, wenn sich verschiedene Gruppen begegnen. Keine Menschengruppe, sagen sie, könne wirklich lange genug isoliert bleiben, um eine wahrhaft eigene Art zu werden.
Einer der »Eine-Art-Vertreter« bezeichnet es als auffallend, daß die »knochenorientierten« Wissenschaftler im allgemeinen die »Mehr-als-eine-Art-Alternative« befürworten, während die »theorieorientierten« Gelehrten überwiegend »Eine-Art-Vertreter« sind (ich würde die erste Gruppe lieber »Paläoanthropologen«, die zweite »Neoanthropologen« nennen). Unser »Eine-Art-Vertreter« macht sich lustig über die angebliche Wichtigkeit »eines Höckers hier oder eines Zentimeters da« und behauptet entschieden, daß man den Verlauf der menschlichen Evolution einfach nicht mit Hilfe der vergleichenden Anatomie oder durch die Untersuchung »jämmerlicher Knochenabfälle«, die das fossile Material bilden, verstehen könne.
Aus dem vorliegenden Buch ergibt sich deutlich, daß ich solche Behauptungen strikt ablehnen muß. Allzu vielen großspurigen Theorien folgten allzuschnell verzweifelte Versuche, widerspenstige Fossilienfunde so zurechtzubauen, daß sie in die gelehrte Konstruktion hineinpaßten. Wir können die oben zitierte Behauptung durchaus umkehren und sagen, daß wir niemals etwas über die Evolution des Menschen erfahren können, wenn wir uns dabei nicht auf

das fossile Beweismaterial stützen. Wir brauchen Theorien, aber die Theorien müssen zu den historischen Tatsachen passen. Um also die Frage »eine oder mehrere Arten?« zu beantworten, müssen wir wiederum untersuchen, was uns die Fossilien erzählen. Fangen wir mit der Dartianergruppe an, die in zwei Grundformen gespalten ist – grazile und robuste Dartianer. Eine Art oder zwei? Könnten es vielleicht einfach Männer und Frauen einer einzigen Art gewesen sein? In diesem Fall hätten wir in Sterkfontein einen Stamm, der ausschließlich aus Frauen bestand, und in Swartkrans einen, dem nur Männer angehörten.
Das vorliegende Beweismaterial zeigt, daß beide Dartianerformen sehr alt sind und in demselben großen Gebiet lange Zeit nebeneinander gelebt haben, in Omo ebenso wie danach in Olduvai. Außerdem hat sich herausgestellt, daß robuste Dartianer noch vorhanden waren, als bereits höhere Hominiden auftraten – beispielsweise in Swartkrans.
Darauf könnte der Eine-Art-Vertreter vielleicht erwidern, daß die verschiedenen Typen in Wirklichkeit nur Varianten einer einzigen Population darstellten und daß wir die Möglichkeiten der Variation innerhalb einer menschlichen Population unterschätzten. Der moderne Mensch ist tatsächlich äußerst variabel. Es wäre wohl möglich, zwei heutige Schädel zu finden, die sich ebenso stark voneinander unterscheiden wie, sagen wir, die eines robusten und eines grazilen Dartianers – dennoch gehören sie beide der gleichen Art an: *Homo sapiens*.
Doch tatsächlich bestehen gute Gründe für die Vermutung, daß örtliche Dartianerpopulationen weit weniger variabel waren als die gesamte heutige Menschheit. Erstens gab es bestimmt nur sehr wenige Dartianer; ich zweifle, ob jemals eine Million von ihnen gleichzeitig lebten. In einer Population, die aus einer einzigen Person besteht, ist die Variation selbstverständlich gleich Null. Gibt es zwei Personen, kann die Variation groß oder klein sein, vermutlich ist sie bescheiden. Im allgemeinen wird die Variation um so größer,

je mehr die Zahl der Individuen wächst. Das wird deutlich, wenn man eine Dartianerbevölkerung von unter einer Million mit der heutigen Menschheit vergleicht, die mehrere Milliarden zählt.

Wir dürfen außerdem nicht vergessen, daß der moderne Mensch in viele lokale Populationen unterteilt ist, die sich seit langer Zeit einer Vielfalt von Lebensbedingungen angepaßt haben – Leben in der Arktis oder im tropischen Regenwald, in Wüsten oder Gebirgen, auf Inseln, an Seen und so fort, dazu an eine Menge verschiedener Wirtschaftsformen: Jagen, Fischen, Sammeln, Landwirtschaft, Handel usw. Im Gegensatz dazu muß die örtliche Dartianerpopulation verhältnismäßig gleichförmig gewesen sein, da sie in einem begrenzten Gebiet gelebt hat. In einer solchen Situation muß die Variation ziemlich gering gewesen sein, und wir haben kein Recht zu der Annahme, daß sie auch nur von Ferne die Bandbreite erreichte, die man beim heutigen Menschen findet.

Die Tatsache, daß robuste und grazile Dartianer Millionen Jahre lang als getrennte Formen existierten, spricht dafür, daß es wenig oder keine Vermischung gegeben hat, sonst wären sie einfach zu einer einheitlichen Form verschmolzen. Da man Arten gerade auf diese Weise definiert, dürfen wir sagen, daß es sich um verschiedene Arten gehandelt hat. Damit wird die ganze Eine-Art-Theorie zweifelhaft. Wahrscheinlich unterschied sich das Sexualverhalten der frühen Hominiden ein wenig von dem, was man sich darunter vorgestellt hat. Der geheimnisvolle Prozeß der Objektfixierung oder Prägung könnte viel damit zu tun gehabt haben, den Weg der künftigen sexuellen Betätigung vorzuzeichnen. Diese Objektfixierung ist etwas wie »augenblickliches Lernen«, das beim ersten Freiwerden eines instinktiven Triebes vor sich geht. In einer einrassigen Gesellschaft mit geringfügigen körperlichen Variationen gibt es gewiß kaum einen Reiz, sehr andersartig aussehende Geschöpfe als »Menschen« oder Sexualpartner zu betrachten.

Wie ist es mit den späteren Menschen? Daß *Homo erectus* eine Art war, die sich von den gleichzeitig lebenden robusten Dartianern unterschied, wird aus dem Beweismaterial aus Swartkrans und Olduvai deutlich genug. Aber waren die Europäer des mittleren Pleistozäns, die Menschen von Heidelberg, Vértesszöllös, Swanscombe und Steinheim eine Art, die sich vom *Homo erectus* des Choukoutien-Typs unterschied? Falls sie es nicht waren, befanden sie sich bestimmt auf dem Weg, es zu werden.

Wenn wir ins späte Pleistozän kommen und den modernen *Homo sapiens* dieser Zeit mit den noch vorhandenen *erectus*-Menschen von Solo und Broken Hill vergleichen, läßt sich kaum der Schluß vermeiden, daß wir es hier mit zwei verschiedenen Arten zu tun haben. Das gleiche gilt vielleicht auch für die extremen Neandertaler der letzten Vereisung in Europa; sie verschwanden ohne jede Spur der Bastardierung, und die angeblichen Beweise für eine Bastardierung im Nahen Osten sind inzwischen ebenfalls zweifelhaft geworden. Diese Interpretierung wird bestätigt durch die Anwesenheit des *Homo sapiens* in Fontéchevade, lange bevor die extremen Neandertaler erschienen.

Aber selbst wenn dies die überzeugendste Interpretation zu sein scheint, möchte ich mich nicht auf sie festlegen, und das ist auch nicht notwendig, denn die Dartianer haben bereits bewiesen, daß sich die Menschheit in verschiedene Arten aufspalten kann, die sich gegenseitig nicht als »Menschen« betrachten.

Das Gehirn

Drei Hauptmerkmale sind es, die den Menschen von den Menschenaffen unterscheiden. Über das erste, das grundsätzlich menschliche Gebiß, sprachen wir in diesem Buch von Anfang an. Die aufrechte Haltung kam vermutlich im Pliozän vor 5 bis 10 Millionen Jahren hinzu. Als letztes entwickelte sich im Pleistozän das große Gehirn. Viele entscheidende Informationen fehlen uns noch, doch es liegt bereits genügend Material dafür vor, daß wir mindestens die Umrisse der Evolution des Gehirns im Pleistozän skizzieren können. Die Geschichte der Gehirngröße läßt sich folgendermaßen darstellen.

Während der langen Jahrmillionen der Dartianerexistenz hat die durchschnittliche Gehirngröße wahrscheinlich zugenommen, doch die Zunahme ging äußerst langsam vor sich. Vor etwa 2 Millionen Jahren betrug das durchschnittliche Hirnkapselvolumen etwa 500 ccm, und die robusten Dartianer, die bis in die Mitte des Pleistozäns lebten – über eine Million Jahre später –, hatten ein nur wenig größeres Gehirn.

Doch während dies vor sich ging, ergab sich bei einer Gruppe des sich entwickelnden Menschen ein erhöhtes Tempo des Hirnwachstums: bei *Homo erectus*. Als wir den Vertretern dieser Gruppe – vor etwa einer Million Jahren – zum erstenmal begegnen, hat die Hirnkapsel bereits ein Volumen von etwa 750 ccm erreicht. Sie wuchs mit einer ganz regelmäßigen Quote weiter, und zwar um etwa 4,6 % je 100 000 Jahre. Vor etwa 400 000 Jahren hatte die Kapsel im

Durchschnitt ein Volumen von 1000 ccm erreicht, und als diese Linie im späten Pleistozän mit dem Solo- und dem Broken-Hill-Menschen zu Ende ging, war der Durchschnitt auf 1100 bis 1200 ccm angewachsen. Es ist recht interessant festzustellen, daß die Zunahme der Hirngröße bei dieser Gruppe etwa eine Million Jahre lang ständig im gleichen Tempo vor sich ging.

Wenn wir versuchen, *Homo erectus* von den Dartianern abzuleiten, müssen wir zu dem Schluß kommen, daß er sich vor 2 bis 3 Millionen Jahren abspaltete und daß diese Sonderentwicklung offensichtlich mit der ständigen Beschleunigung der Hirnentwicklung begann. Wir dürfen vermuten, daß zu jener Zeit irgend etwas geschehen ist – irgend etwas, was eine neue Situation schuf, die Lebensbedingungen veränderte und die Hirngröße sehr viel wichtiger werden ließ, als sie es vorher gewesen war. Außerdem muß es etwas gewesen sein, was die robusten Dartianer versäumten, die bis zum Ende ihrer Tage ein kleines Gehirn behielten.

Was kann da geschehen sein? War es eine kulturelle Neuerung, die höhere Intelligenz besonders hoch im Kurs steigen ließ? Das scheint nicht unwahrscheinlich; und tatsächlich kommt das früheste Beweismaterial für Bearbeitung von Stein, das aus jener Zeit bekannt ist, aus Ablagerungen am Rudolfsee; es ist 2,6 Millionen Jahre alt. Diese Kultur ist bereits recht vielfältig und muß das Ergebnis einer langen Entwicklung sein. War das der Faktor, der der natürlichen Auslese einen neuen Anstoß gab?

Es gibt mindestens noch eine weitere Möglichkeit: das Aufkommen artikulierter Sprache. Viele Kapazitäten bezweifeln, daß so primitive Wesen wie die Dartianer – oder sogar *Homo erectus* – hätten sprechen können. Doch die jüngsten Experimente der beiden Gardners mit Schimpansen zeigen, daß Menschenaffen eine Zeichensprache von beträchtlicher Kompliziertheit erlernen können, und bestimmt haben wir allen Grund anzunehmen, daß die Dartianer intelligenter und vor allem sprachbegabter waren als Schimpansen. Der entscheidende Faktor könnte also durchaus auch das Entstehen der Sprache gewesen sein. Oder Sprache und Steinarbeiten haben sich vielleicht auch zusammen entwickelt.

Während die Vertreter des *Homo erectus* ihrer Evolutionsbahn folgten, wiederholte sich die Geschichte. Von irgendeiner frühen Form der *erectus*-Gruppe spaltete sich eine neue Linie mit abermals beschleunigter Entwicklungsrichtung ab, vertreten von dem Heidelberg-Vértesszöllös-Menschen, den Menschen aus der Holsteinzeit bis zu den spätpleistozänen Neandertalern. Hier wurde das Tempo der Hirnzunahme sogar noch höher: es kann auf 7,5 % je 100000 Jahre als Minimum geschätzt werden. Vermutlich ging es jedoch noch rascher.

Die Neandertalergruppe muß sich von der *erectus*-Linie frühestens vor 800000 Jahren abgespalten haben. Vermutlich geschah es etwas später. Die Entwicklung hatte ihren Gipfel in den Eiszeitneandertalern, jenen Menschen mit großem Gehirn, die vor etwa 50000 Jahren während des ersten Teils der letzten Vereisung im nordwestlichen Eurasien lebten und deren Hirnvolumen im Durchschnitt 1500 ccm betrug.

Anscheinend ereignete sich auch bei ihren Vorfahren etwas. Was kann es gewesen sein? Eine weitere kulturelle Neuerung? Man wird da an den Gebrauch des Feuers denken. In dieser Linie ist der Gebrauch des Feuers früher zu verzeichnen als in allen übrigen: der Vértesszöllös-Mensch verwendete vor 400000 Jahren Feuer. Aber wir dürfen nicht vergessen, daß auch *Homo erectus* das Feuer gebrauchte, wenn auch etwas später: der Choukoutienmensch beispielsweise kannte den Gebrauch des Feuers vor 250000 bis 300000 Jahren. Das wäre früh genug, um die Endstadien der Evolution bei der *erectus*-Gruppe noch zu beeinflussen, doch anscheinend ist das nicht geschehen.

Wir sehen, daß uns Spekulationen dieser Art, so faszinierend sie auch sein mögen, in Sackgassen führen. Wir können

Vermutungen anstellen, und es ist legitim, es zu tun, aber etwas Sicheres wissen wir nicht. Wir können, gestützt auf das vorliegende Material, nur soviel sagen: Anscheinend wurde die Evolution der Hirngröße mindestens zweimal während des Pleistozäns plötzlich beschleunigt.

Natürlich ist die Geschichte mit dem Neandertaler nicht zu Ende. Wir haben noch das Entstehen des modernen *Homo sapiens* zu erklären. Es ist vielleicht vernünftig, ihn von den frühen Präneandertalern mit dem kleineren Gehirn, etwa von der Holsteingruppe in Europa, abzuleiten. Von dieser Gruppe aus würde die Evolution bis zum modernen Hirndurchschnitt von 1350 ccm etwa im gleichen Tempo vor sich gegangen sein wie beim *Homo erectus*, wenn sie auch auf einem höheren Niveau begann, so daß das Gehirn des *Homo sapiens* im Durchschnitt etwa um 150 ccm größer war als das des gleichzeitig lebenden *Homo erectus*.

Die Schädel wurden also mit der Zeit immer größer. Es gibt auch noch andere Veränderungen, doch sie gehen weniger regelmäßig vor sich. Bei manchen Menschentypen ist die Schädelwandung sehr dick, etwa beim Neandertaler und dem *Homo erectus*; bei anderen ist sie dünn, wie beim grazilen Dartianer und beim Jetztmenschen. Diese Unterschiede beruhen vermutlich auf Anpassung, und manche Autoren vertreten die Ansicht, daß sich bei den Menschengruppen, bei denen Keule oder Knüppel die Hauptwaffen waren, ein dickes Schädeldach entwickelt habe. Als Speere und andere Stichwaffen in Gebrauch kamen, wurde der Schutz, den dicke Schädelknochen gewähren, weniger wichtig, und statt dessen wurden Leichtigkeit und Sparsamkeit dünner Schädelknochen nützlich.

Doch der Hauptfaktor bleibt die Zunahme der Hirngröße, und hier müssen wir uns die Frage stellen, weshalb das menschliche Gehirn so groß sein mußte. Man sollte doch meinen, daß unsere Hirnfunktionen weit über all das hinausgehen, was vernünftigerweise dort gebraucht wurde, wo sie sich entwickelten – in der Umwelt altsteinzeitlicher Jä-

ger und Sammler. Weshalb mußten wir imstande sein, höhere Mathematik und Philosophie zu begreifen und verwikkelte Dichtung und Musik zu genießen – Dinge, die doch im Leben des Altsteinzeitmenschen unmöglich eine Rolle gespielt haben können?
Die Antwort ist eigentlich ganz einfach. Der heutige Mensch kann diese und andere komplizierte Dinge tun, aber nur, wenn er eine entsprechende Bildung genossen hat. Die natürliche Auslese arbeitet jedoch immer mit dem zur Verfügung stehenden Material, und das bestand in der Altsteinzeit aus mehr oder weniger ungeschulten Gehirnen, die nur einen kleinen Bruchteil ihrer Gesamtfähigkeiten zu nutzen verstanden. Um eine Zunahme in den »verfügbaren« Fähigkeiten des Gehirns zustande zu bringen, mußte die natürliche Auslese eine sehr viel größere, einstweilen ungenutzte Kapazität produzieren, die beim Wilden latent bleibt, aber durch geeignete Ausbildung aktiviert werden kann.
Auf entsprechende Weise kann man intelligenten Tieren wie Menschenaffen, Hunden und Delphinen äußerst schwierige Arbeiten beibringen und dadurch Möglichkeiten des Gehirns aktivieren, die im normalen Leben in Freiheit nicht genutzt werden. Wie bei dem sprichwörtlichen Eisberg werden vielleicht neun Zehntel der gesamten Hirnfähigkeiten nicht sichtbar. Es gibt sogar Autoren, die meinen, daß sich das Gehirn des Delphins als dem des Menschen überlegen erweisen könnte.
Dazu kommt ein weiterer Faktor, den man vielleicht den Perfektionismus der natürlichen Auslese nennen könnte. Wie dieser wirkt, sehen wir in einigen Fällen von Mimikry, wo ein harmloses und wohlschmeckendes Tier hungrige Feinde dadurch täuscht, daß es ein giftiges und schlechtschmeckendes Tier nachahmt. In einigen Fällen ist das Ergebnis der Mimikry sehr viel genauer, als es nötig wäre, um die Täuschung erfolgreich zu machen. Das kommt daher, daß jede winzige Verbesserung der Mimikry ihrem Besitzer

einen kleinen Auslesevorteil bringt und deshalb dem System der Täuschung einverleibt wird. Betrachten wir ferner die bis in unglaubliche Einzelheiten gehenden Anpassungen aneinander, wie man sie bei einigen Orchideen- und Insektenarten findet – ein Thema, das Darwin faszinierte und die Gelehrten noch heute beschäftigt. Und diese Zielstrebigkeit, eine gute Sache beharrlich immer noch weiter zu verbessern (wenn auch nur ein winziges bißchen), hat vermutlich auch bei der Entwicklung des menschlichen Gehirns eine entscheidende Rolle gespielt. Das Prinzip ist ganz einfach. *Homo erectus* war intelligent genug, um in seiner Umwelt sehr gut zurechtzukommen. Doch *Homo sapiens* war noch klüger und verdrängte deshalb den *Homo erectus*. Innerhalb jeder Population wirkte das Prinzip auf gleiche Weise. Der durchschnittliche Neandertaler kam ganz gut zurecht, doch dem klügsten Neandertaler gelang es noch besser.

Auf diese Weise tragen Orchideen, Insekten und Delphine, fossile Schädel und behauene Steine – in der Welt um uns und in der Welt vor Millionen von Jahren – dazu bei, uns zu erklären, weshalb das dritte und wichtigste Merkmal des Menschen entstand: sein großes Gehirn.

4. Das Heute und die Zukunft

Die natürliche Auslese

Bisher haben wir von der Vergangenheit des Menschen gesprochen; nun wird es Zeit, uns Gegenwart und Zukunft zuzuwenden. Das ist ein unerschöpfliches Thema, und ich habe vor, es lediglich vom Standpunkt des Evolutionswissenschaftlers aus zu untersuchen.

Bis in allerjüngste Zeit neigte der Mensch, zumindest in der westlichen Welt, dazu, sich als den Herrn der Schöpfung zu betrachten, erhöht über eine Welt, in der andere Lebewesen ihren Kampf ums nackte Dasein auskämpfen. Diese Auffassung ist jetzt bis in den Grund erschüttert, nachdem wir uns langsam der Bevölkerungsexplosion, unserer Hilflosigkeit bei den Bemühungen, die Gesellschaft zu ordnen, und der ständig zunehmenden Umweltverschmutzung allgemein bewußt werden.

Aber selbst jene, denen diese Probleme völlig gegenwärtig sind, meinen gelegentlich immer noch, der Mensch unterstehe nicht den Naturgesetzen, die die natürliche Auslese und Evolution bestimmen. Die Theorie der natürlichen Auslese oder Selektion, von Darwin im Jahr 1859 veröffentlicht, wurde über Nacht zu einem heißumstrittenen Thema. Heute interessieren sich jedoch außer Biologen vermutlich nur wenige Menschen dafür, und noch weniger werden auf den Gedanken kommen, daß sie irgend etwas mit der Situation des heutigen Menschen zu tun haben könnte.

Vielleicht liegt das einfach daran, daß die meisten von Darwins Zeitgenossen vor allem von der Form der Auslese beeindruckt wurden, der Selektion durch unterschiedliche Sterblichkeit als dem eigentlichen Kampf ums Dasein: Überleben ist das Los der Klügsten, Stärksten und Geschicktesten, vorzeitiger Tod das der weniger gut Ausgestatteten. Daß dieses Prinzip auch für Menschen gelten könnte, erschien so abstoßend, daß sich manche überhaupt weigerten, den Gedanken der natürlichen Auslese zu akzeptieren; sie setzten an ihre Stelle einen »netteren« Evolutionsmechanismus. Das konnte zum Beispiel die Vererbung erworbener Eigenschaften sein – gewiß ein angenehmer Gedanke: Wenn man sich selber bessert, bringt man bessere Nachkommen hervor. Aber so funktioniert es eben nicht, denn erworbene Eigenschaften vererben sich nicht: Sie müssen von der nächsten Generation neu erworben werden. Eine andere angebliche Lösung war die Vorstellung einer inneren Kraft der Evolution, des *élan vital,* die uns automatisch zu neuen Höhen der Würde und der Geistigkeit hinantragen sollte. Leider spricht nicht das geringste für das Vorhandensein einer solchen Kraft. Es ist nachgewiesen, daß die Evolution durch die Wechselwirkungen zwischen Variationen in der Erbmasse – die durch Mutation entstanden – und durch natürliche Auslese oder Selektion vor sich geht. Das ist alles, und damit müssen wir uns abfinden.

Hier könnte der Evolutionsoptimist vielleicht einwenden: Die natürliche Auslese begünstigt schließlich diejenigen, die am besten ausgerüstet sind – die Klügsten, Stärksten, Tapfersten und vielleicht auch die Schönsten (die sexuelle Auslese war eine weitere von Darwins Entdeckungen). Wenn der Vorgang der Auslese dem einzelnen vielleicht auch Leiden bringt, so wird die Menschheit als Ganzes doch im Lauf der Zeit verbessert, so daß unsere fernen Nachkommen klüger, schöner und gesünder sein werden als wir.

Darauf könnte sein Gegner erwidern: Leider ist die natürliche Auslese in der modernen zivilisierten Gesellschaft weitgehend außer Kraft gesetzt worden. In der Altsteinzeit war die Situation anders. Jede Frau gebar eine große Anzahl von Kindern, doch die Sterblichkeit in der Kindheit war sehr hoch und gleichzeitig stark selektiv. Infolgedessen besaß die gesamte Population eine genetische Ausstattung, die das Ansteigen der Intelligenz und die Erhaltung der Gesundheit förderte. Die Intelligenz nahm zu, weil die klügeren Eltern besser in der Lage waren, für ihre Kinder zu sorgen, und weil die klügeren Kinder Gefahren leichter vermeiden konnten. Der Hauptfaktor bei all dem war die selektive Sterblichkeit, und der Tod so vieler Kinder der Preis, den die Gesellschaft für Gesundheit und Fortschritt zahlte.

In der modernen Welt bleiben die meisten Kinder am Leben, werden erwachsen und können selbst Kinder haben, selbst wenn sie kurzsichtig, taub oder schwachsinnig sind oder sonstige genetische Mängel aufweisen. Nur diejenigen, die mit wirklich ernsthaften Defekten geboren werden, sterben jung. Es scheint also wirklich so, als ob die natürliche Auslese kaum noch Macht besitze und wir von der Zukunft nur noch allmähliche Entartung erwarten dürften.

Tatsächlich ist die Auslese durch unterschiedliche Sterblichkeit durchaus noch wirksam, wenngleich sie ihr Gewicht seit der Altsteinzeit bis zu einem gewissen Grad verschoben hat, und es bestehen gute Gründe für die Annahme, daß ihre Rolle an Bedeutung zunehmen wird. Doch ehe wir die unterschiedliche Sterblichkeit näher untersuchen, müssen wir eine andere Art der Selektion berücksichtigen, die jetzt einen großen Teil der Auslesefunktion in der menschlichen Evolution übernommen hat.

Diese »neue« Art der Auslese ist eigentlich gar nicht neu, wenn sie auch in unserer Zeit wichtiger geworden ist, als sie früher war. Das ist die selektive Fruchtbarkeit. Wie G. G. Simpson dargelegt hat, gibt es in einer bestimmten Population, in der willkürlich ausgewählte 50 % der Eltern 50 % der Kinder haben, keine unterschiedliche Geburtenziffer (Natalität) und deshalb auch keine Auslese dieser Art. Wenn jedoch 50 % der Eltern 80 % der Kinder haben, könnte eine sehr starke Auslese herrschen – vorausgesetzt, daß sich diese 50 % mit höherer Fruchtbarkeit (Fertilität) auch in genetischen Merkmalen von den anderen 50 % unterscheiden.

Welche Leute haben mehr Kinder und welche weniger? In den meisten zivilisierten Gesellschaften ist in moderner Zeit die Kinderzahl je Familie meist umgekehrt proportional zur Menge des irdischen Besitzes der Familie: wo es in den Wohnungen der unteren Schicht von Nachkommen wimmelte, hatten die Angehörigen der höheren Schichten ein oder zwei. Dies scheint jedoch eine Übergangsphase in der modernen Zivilisation zu sein, vielleicht nur für die letzten ein, zwei Jahrhunderte typisch, und es liegt einiges Beweismaterial dafür vor, daß sich der Unterschied zwischen den Geburtenziffern der oberen und der unteren Schichten wieder verringert. Im übrigen müßte ein genetischer Unterschied zwischen den höheren und den unteren Schichten einer Gesellschaft bestehen, damit der Unterschied wirklich selektiv wirken kann. Ob ein solcher genetischer Unterschied tatsächlich besteht, ist jedoch ungewiß, und die Debatte darüber ist entsprechend emotionell und voreingenommen.

Vermutlich sehr viel wichtiger ist indessen die unterschiedliche Fertilität innerhalb der Weltbevölkerung im Ganzen. Diejenigen Populationen, die sich am schnellsten und am stärksten vermehren – beispielsweise die Bevölkerung Südamerikas –, werden einen ständig zunehmenden Teil der Menschheit als Ganzes bilden. Während die Bevölkerungszunahme als solche zweifellos eine ernste Bedrohung für die Zukunft des Menschen darstellt, kann man das Überwiegen mancher Rassen bei dieser Zunahme kaum als gut oder schlecht betrachten, solange wir keine objektiven Maßstäbe besitzen, an denen wir die genetische Güte verschiedener Rassen messen können. Jedenfalls ist dies eines der deutlichsten Beispiele für die natürliche Auslese durch unterschiedliche Fertilität in der Gegenwart, aber es ist ein

Fall der Auslese zwischen Populationen, nicht innerhalb einer Bevölkerung.
Das sind die Hauptzüge der heutigen Auslese beim Menschen. Nun ist es an der Zeit, etwas näher auf die Einzelheiten einzugehen, und wir wenden uns deshalb der klassischen Darwinschen Auslese durch unterschiedliche Sterblichkeit (Mortalität) zu. Sie ist keineswegs verschwunden, sondern bildet immer noch eine bedeutende Kraft für die Evolution des Menschen und besteht in neuen Formen fort.

Schlechte Gene

In extremen Klimaten und Umwelten formt die alte Kraft Auslese immer noch aktiv die physischen Merkmale des Menschen trotz all unserer Versuche, ihr Wirken durch Klimaanlagen, Doppelfenster und andere Tricks, mit denen wir uns schützen, zu vereiteln. Um diese Schutzmaßnahmen zu nutzen, müßten wir jedoch zu einem Troglodytendasein Zuflucht nehmen, was nur einem kleinen Bruchteil der Bevölkerung möglich ist. Die meisten Menschen müssen trotzdem hinaus und den Elementen mindestens einen Teil der Zeit trotzen, und müssen es mit einem Grinsen zu überstehen suchen.
Im heißen Klima ist es deshalb immer noch nützlich, einen schlanken Körperbau, dunkle Haut, verfilztes Haar und überaus leistungsfähige Schweißdrüsen zu besitzen. Ferner könnte es Vorteile mit sich bringen, klein von Wuchs zu sein, damit sich das Verhältnis zwischen Oberfläche und Körpervolumen günstiger gestaltet, und wenn man Körperfett als Energiespeicher braucht, ist es besser, wenn es an

wenigen Stellen konzentriert ist, damit es den Wärmeaustausch nicht stört.
Umgekehrt sollte man im kalten Klima am besten hellhäutig sein, um möglichst viel von den kostbaren Sonnenstrahlen aufzunehmen, und es ist nützlich, einigermaßen groß oder wenigstens stämmig gebaut und kurzhalsig zu sein; das Körperfett ist am günstigsten über den ganzen Körper gleichmäßig verteilt, damit man vor der Kälte geschützt ist – vor allem im Gesicht, das man schwer bedecken kann. Gute Blutversorgung von Gesicht und Händen trägt ebenfalls dazu bei, sie warmzuhalten.
Wir wollen diese beiden Menschentypen einmal die Plätze tauschen lassen und dann sehen, wie die Auslese wirkt. Im heißen Klima könnte der Hitzschlag ihre bevorzugte Waffe sein, dem als nächstes eine Schwäche folgt, die das Opfer empfänglicher für endemische Krankheiten macht, gegen die es vermutlich keinen angeborenen Schutz besitzt. Im kalten Klima ist es die Schädigung durch Kälte, die die Widerstandskraft gegen Infektionen verringert.
Wie das in der Praxis wirkt, wird von den Indianern in den südamerikanischen Hochlandgebieten veranschaulicht. Ihre Konstitution ist der harten Umgebung deutlich angepaßt: Lungen und Herz sind sehr groß, und der Anteil der roten Blutkörperchen im Blut ist höher als beim Durchschnittsmenschen. All das ist notwendig, um die Wirkung der sauerstoffarmen Luft im Hochland auszugleichen. Und trotz der zahlenmäßig großen Einwanderung anderer Menschen, sowohl weißer als auch negroider, bleibt der indianische Typ im Hochland unbeeinflußt. Einwanderer kommen in der dünnen Luft schlecht zurecht, und selbst wenn sie am Leben bleiben, sind Totgeburten häufig, weil der wachsende Embryo nicht genug Sauerstoff von der Mutter erhält und deshalb erstickt. Hier haben wir wieder die unterschiedliche Mortalität, die die fremden Gene, die dort nichts zu suchen haben, wegfiltert.
In diesem Fall erweisen sich also die Gene, die wir »normal«

nennen können, als »schlechte« Gene – d. h. ungünstig für diese besondere Umwelt. Wenn man sonst von schlechten Genen spricht, denkt man an Krankheiten, die durch genetische Mängel verursacht werden. Wenn solche Krankheiten unheilbar sind, wird das Problem durch die unterschiedliche Sterblichkeit gelöst, aber die Situation könnte komplizierter sein, als sie auf den ersten Blick aussieht.
Ein typisches Beispiel für ein schlechtes Gen ist das, was die Bluterkrankheit oder Hämophilie hervorruft. Diese Krankheit, die nur zu gut bekannt ist, kommt in den besten Familien vor (genauer: bei den männlichen Nachkommen der Königin Viktoria). Daß diese Krankheit nur bei Männern sichtbar wird, weist darauf hin, daß sie von einem Gen in den Geschlechtschromosomen verursacht wird. Bei Frauen sind die beiden Geschlechtschromosomen gleich und werden X-Chromosomen genannt, Männer dagegen haben ein X-Chromosom und ein etwas abweichendes, sogenanntes Y-Chromosom. Wenn das weibliche Ei, das ein X-Chromosom enthält, befruchtet wird, wird das Geschlecht des Kindes von dem Geschlechtschromosom der Spermazelle bestimmt: wenn dies ein X ist, hat das Kind XX und wird ein Mädchen; wenn es ein Y ist, wird das Resultat XY, d. h. das Kind ein Junge.
Das Hämophilie-Gen liegt im X-Chromosom, was bedeutet, daß es von der Mutter an den Sohn weitergegeben wird; vom Vater kann es nur an eine Tochter weitergegeben werden. Doch bei einer Frau wird die Wirkung des unzulänglichen Gens von der des normalen korrespondierenden Gens im anderen X-Chromosom überdeckt, und es gibt deshalb keine Symptome. Beim Mann dagegen gibt es im Y-Chromosom kein korrespondierendes Gen – dem Y-Chromosom fehlen einfach einige Gene, die im X vorhanden sind –, und deshalb tritt die Krankheit auf.
Das Leben eines Bluters ist ständig durch die Schwierigkeit bedroht, eine Blutung zum Stehen zu bringen, selbst wenn es sich nur um eine geringe Verletzung handelt. Deshalb

wird im Durchschnitt sein Leben kürzer und seine Nachkommenschaft weniger zahlreich sein als bei normalen Männern. Man sollte also annehmen, daß die natürliche Auslese gegen diese ererbte Eigenschaft stark ist und daß diese Eigenschaft im Lauf gewisser Zeit aus der Population verschwindet. Doch so einfach ist die Sache nicht.

Erstens treten hin und wieder Mutationen des normalen zum Hämophilie hervorrufenden Gen auf, so daß der Vorrat dieses »schlechten« Gens ständig aufgefüllt wird. Doch es gibt noch einen anderen, recht überraschenden Effekt: Wenn das Hämophilie hervorrufende Gen bei einer Frau vorhanden ist, erhöht es die Fruchtbarkeit, statt sie zu vermindern. Also wird dieses Gen von der natürlichen Auslese begünstigt.

Das zeigt, daß ein Gen je nach seiner Umgebung – der genetischen oder der physischen Umwelt – »schlecht« oder »gut« sein kann. Das bekannteste Beispiel hierfür ist die Sichelzellenanämie, eine Krankheit, die für verschiedene malariaverseuchte Gebiete typisch ist.

Es ist eine erbliche Krankheit, die nur bei Menschen auftritt, die von beiden Eltern ein »Sichelgen« erhalten haben. Bei Menschen mit dieser Krankheit sind die roten Blutkörperchen völlig anomal, nämlich sichelförmig statt rund, und die Krankheit führt in früher Jugend zum Tod.

Bei den Individuen, die nur ein Sichelgen besitzen, weil sie vom anderen Elternteil ein normales Gen erhalten haben, treten diese Komplikationen jedoch nicht auf. Solche Menschen sind völlig normal in allen Punkten – bis auf einen, der aber um so wichtiger ist: sie sind gegen Malaria resistent. Gleichzeitig gibt es in diesen Gebieten Menschen, die überhaupt keine Sichelgene besitzen, weil sie von beiden Eltern je ein normales Gen erhalten haben. Diese Menschen sind natürlich völlig normal – und deshalb fallen sie der Malaria zum Opfer.

Es gibt hier also eine Auslesesituation, die von unterschiedlicher Sterblichkeit gesteuert wird. Einerseits sterben alle

Menschen, die zwei Sichelgene besitzen, an Anämie. Anderseits sterben viele (wenn auch nicht alle) Personen ohne jedes Sichelgen an Malaria. Das Ergebnis dieser Auslesekräfte ist, daß ein gewisses Gleichgewicht in der Häufigkeit des Sichelgens hergestellt wird. Das Sichelgen bleibt in einer mathematisch vorhersehbaren Häufigkeit in der Population, und eine gewisse Menschengruppe genießt die Immunität der Malaria um den Preis soundso vieler, die an Anämie, und soundso vieler, die an Malaria sterben.

Daraus ergibt sich ganz unmißverständlich, daß die Tatsache, der natürlichen Auslese durch unterschiedliche Sterblichkeit unterworfen zu sein, eine überaus unangenehme Situation ist, um es vorsichtig auszudrücken. Gewiß, dieses Beispiel ist eins der krassesten seiner Art, aber wie später gezeigt werden wird, haben wir auch andere Fälle, die uns weit vertrauter erscheinen.

Was die Sichelzellenanämie betrifft, so hat sich die Situation in allerletzter Zeit geändert. Die Malariabehandlung ist wirksamer geworden, und in vielen Gebieten sind die Mükken, die die Krankheit übertragen, ausgerottet worden. Als Folge hat sich die Richtung der Auslese geändert. Sichelzellenanämiker sterben immer noch, aber Malariakranke werden gesund, und immer weniger Menschen bekommen Malaria. Die Auslese wirkt nun gegen das Sichelgen und vermindert dessen Häufigkeit rasch: Die Population entwickelt sich fort.

Wenn wir die Sichelzellenanämie dagegen kurieren könnten, würde die Auslese gegen dieses Gen vermindert werden oder völlig aufhören, obwohl das »schlechte« Gen unbeschränkt erhalten bliebe. Das ist aber tatsächlich das Ergebnis erfolgreicher medizinischer Heilungen verschiedener Erbkrankheiten oder Mängel (übrigens darf man neuerdings auch auf eine Kurierung der Sichelzellenanämie hoffen). Diabetiker (Zuckerkranke) können mit Hilfe von Insulin ein normales Leben führen. Kurzsichtige benutzen eine Brille, Schwerhörige ein Hörgerät. Die Auslese ist ausge-

schaltet worden, und die Zahl der »schlechten« Gene vermehrt sich ständig durch Mutation gesunder. Ist das gut oder schlecht? Was ist wichtiger? Das Glück des einzelnen oder die Gesundheit der Menschheit insgesamt?
Man kann natürlich sagen, daß die »schlechten« Gene aufgehört haben, schlecht zu sein, wenn ihre Wirkung durch geeignete Medikamente kompensiert werden kann. Wir dürfen dabei nicht übersehen, daß die ganze Menschheit unter einem wirklich »schlechten« Gen leidet: keiner von uns ist imstande, in seinem Körper Vitamin C zu synthetisieren. Wir müssen es in unserer Nahrung zu uns nehmen, sonst sterben wir an Skorbut. Die meisten Tiere haben die Fähigkeit, dieses Vitamin zu produzieren, und laufen deshalb nie Gefahr, sich diese Krankheit zuzuziehen. Der Mensch teilt diese Behinderung mit den anderen höheren Primaten und mit dem Schwein – wie diese Tiere muß er frisches Obst oder andere Vitamin-C-reiche Nahrung zu sich nehmen, um gesund zu bleiben. Deshalb ist es übrigens nahezu sicher, daß die frühen Hominiden, selbst wenn sie überwiegend Fleischfresser waren, doch Früchte und andere pflanzliche Nahrung in großer Menge zu sich nahmen.
Nur wenige Menschen betrachten diese Dinge heute als ernsthafte Behinderung oder als genetischen Mangel, wenn sie auch bis in die moderne Zeit hinein wahrscheinlich bei manchen unglücklichen Hominiden zu großem Leiden führten. Doch im Prinzip besteht wenig Unterschied darin, ob man Zitronensaft, eine Brille oder Insulin beschafft; in all diesen Fällen wird ein genetischer Mangel korrigiert und ein normales Leben ermöglicht.
Die »schlechten« Gene bedeuten also vielleicht keine ernste Bedrohung für die Menschheit. Ja, wenn es auch überraschend klingt, sie könnten sogar nützlich sein. Untersuchungen an Wildtierpopulationen haben gezeigt, daß diese Tiere eine erstaunliche Anzahl von verschiedenen Genen besitzen, die, wenn sie in doppelter Dosis auftreten, ebenso sicher zum Tode führen können wie das Sichelgen. Das

gleiche scheint für den Menschen zu gelten: Man hat sogar geschätzt, daß jeder einzelne im Durchschnitt zwei tödliche Gene besitzt. Aber wichtiger noch: diese »genetische Bürde« könnte vorteilhaft sein – wir haben gesehen, daß Sichelgen-Hybriden für gewisse Krankheiten resistent sind und Blutergen-Frauen eine höhere Fertilität aufweisen. Die Erscheinung ist als »Hybridenenergie« bekannt und scheint – unerwarteterweise – im Fall von tödlichen Genen besonders ausgesprochen zu sein. Sie könnten sich also keineswegs »schlecht«, sondern entscheidend für das Wohlergehen und die Energie der menschlichen Rasse auswirken. Doch dieses Phänomen der Hybridenenergie zeigt sich auch in anderen Fällen gemischten Erbes, und deshalb darf man wohl behaupten, daß eine zunehmende Mischung verschiedener Gruppen und Rassen vor allem vom genetischen Standpunkt aus betrachtet nützlich wäre. Viele Laien stellen sich die Biologen vermutlich als Menschen vor, die an Rassenreinheit und dergleichen interessiert sind – das mag daran liegen, daß einige einflußreiche Rassisten im nationalsozialistischen Deutschland die Stirn hatten, sich Biologen zu nennen. Vielleicht ist es eine Überraschung für diese Laien, daß Genetiker im allgemeinen die entgegengesetzte Ansicht vertreten: Sie halten nichts von Rassenreinheit. Vielen Hundeliebhabern müßte das ganz klar sein. Wie viele reingezüchtete Hunde sind Nervenbündel im Vergleich zu dem ganz gewöhnlichen Köter, der Verkörperung der guten Laune und geistigen Stabilität?

Gene und Verhalten

Eine alte Redensart bezeichnet einen Professor als »einen Herrn mit anderer Meinung«. Das gilt besonders für die Vertreter der Wissenschaften vom Menschen und seinen Tätigkeiten. Über das Leben des Menschen gibt es recht unterschiedliche Ansichten. Auf der einen Seite steht der Glaube an ein angeborenes Schicksal, einen genetisch vorherbestimmten Lebensablauf; auf der anderen die Ansicht, daß der menschliche Geist ein unbeschriebenes Blatt sei, das sich allmählich mit Botschaften aus der Umwelt füllt. Die Wahrheit liegt wie gewöhnlich irgendwo in der Mitte. In der Tierwelt insgesamt gibt es tatsächlich das ganze Spektrum vom völlig programmierten bis zum völlig »offenen« Verhalten. Aber Wissenschaftler haben herausgefunden, daß sogar manche von den scheinbar unveränderlichen Instinkten ganz niederer Tiere in einigen Fällen durch Lernen modifiziert werden können, und umgekehrt dürfen wir vermuten, daß manche Einzelheiten »erworbenen« Verhaltens einige erbliche Komponenten enthalten könnten. Genetisch bedingtes Verhalten ist selbstverständlich der natürlichen Auslese unterworfen. Die Fähigkeit zu lernen ist jedoch ebenfalls genetisch bestimmt und liegt damit im Bereich der Auslese.

Das Verhalten des Menschen ist zusammengesetzt aus ererbten und umweltbedingten Verhaltensmustern. Bei der Körperbewegung spielt die Programmierung eine beträchtliche Rolle. Die Art und Weise, wie wir gehen, ergibt sich beispielsweise aus der Programmierung, die wir mit der

Struktur unseres Skeletts, unserer Muskeln, Sinnesorgane und Nervensysteme erben. Wir sagen, Kinder »lernen« gehen, wir könnten aber ebensogut sagen, daß sie allmählich das kongenitale Programm für die Gehfähigkeit entwikkeln. Der Akt des Gehens kann jedoch auf ein Ziel gerichtet sein, das wenig oder nichts mit angeborenem Verhalten zu tun hat – etwa zur Bibliothek schlendern, um dort ein Buch zu entleihen. Zwischen den beiden Polen liegen indessen viele andere Tätigkeiten, die einen recht unterschiedlichen Grad von »Angeborensein« und »Offenheit« aufweisen.

Stellen Sie sich beispielsweise vor, Sie begegneten einem Menschen, der Ihnen den Hut über die Augen zieht, Ihnen gegen das Schienbein tritt und Sie mit Schimpfwörtern traktiert. In dieser Situation fangen Ihre Nebennieren – zwei kleine endokrine Drüsen auf den Nieren – an, eine Substanz in Ihren Blutstrom zu schütten, die Adrenalin genannt wird und einen tiefen Einfluß auf Ihre Physiologie ausübt. Sie stellt einstweilen Ihre Verdauung ab, damit die nicht bei wichtigeren Dingen stört; sie regt Ihren Herzschlag und die Tätigkeit Ihrer Schweißdrüsen an und veranlaßt außerdem Ihre Leber, plötzlich ihre Energievorräte freizusetzen, damit Sie diese sofort verbrauchen können; Ihre Haare richten sich auf, Ihre Augen quellen hervor; Sie sind bereit, zu kämpfen oder zu fliehen. Mit anderen Worten, Sie werden zornig.

Was Sie mit Ihrem Zorn anfangen, hängt von vielen Faktoren ab, deren Sie sich in diesem Augenblick kaum bewußt sind. Wenn Ihr Angreifer sehr stark und kräftig ist, werden Sie vielleicht einfach fliehen und davonrennen. Nehmen wir aber einmal an, er sei ein winziger Knilch, den Sie mühelos mit einer Hand zerdrücken könnten. Wenn Sie von der Anlage her cholerisch sind und nicht den Vorteil einer repressiven Erziehung gehabt haben, werden Sie vermutlich aggressiv werden. Sind Sie von Natur aus phlegmatisch, werden Sie vermutlich sanfter reagieren. Doch der Choleriker, der in der Schule des Lebens Selbstzucht gelernt hat, mag ebenso reagieren wie der Phlegmatiker, und umgekehrt kann ein Phlegmatiker, dessen Erziehung die Streitlust begünstigt hat, durchaus aggressiv werden.

Dies veranschaulicht, wenn auch ein wenig grob, die Wirkungen von Vererbung und Umwelt auf das menschliche Verhalten. Was vererbt wird, ist nicht die eine oder andere Eigenart, sondern eine Art und Weise, sich in Reaktion auf die Umwelt zu entwickeln. Die »Offenheit« der menschlichen Entwicklung ist derart, daß die meisten Menschen nach einer vorgegebenen Norm geformt werden und darin erträglich gut funktionieren können. Man kann fast jeden zum Soldaten (oder Bauern oder Kaufmann) machen, vorausgesetzt, daß die Erziehung wirksam ist und früh beginnt. Doch manche Männer geben bessere (oder mindestens leichter auszubildende) Soldaten ab und werden vermutlich in diesem Beruf glücklicher sein als viele andere. Zum Glück bietet die moderne Gesellschaft viele verschiedene Berufe, und vielseitig begabte Personen finden vermutlich einen, der ihrer Anlage entspricht. Das muß eins der Hauptziele der Erziehung sein.

Daß das Verhalten auf solche Weise von der Vererbung beeinflußt wird, ist kaum zu bezweifeln, da aber die Evolution aus Veränderungen in der genetischen Konstitution von Populationen besteht, ist dies der Aspekt des Verhaltens, den wir hier untersuchen müssen. Doch soll hier ausdrücklich vermerkt werden: Das bedeutet nicht, daß die Erziehbarkeit geleugnet oder übersehen wird.

In früheren genetischen Abhandlungen beschäftigten sich die Forscher hauptsächlich mit klar umrissenen Einheitsmerkmalen, die leicht zu erkennen waren, etwa mit der Blütenfarbe bei Pflanzen und der Augenfarbe bei Fruchtfliegen und Menschen. Als es zur menschlichen Verhaltensgenetik kam, waren die ersten Gene, die studiert wurden, wiederum jene, die deutliche Anomalitäten hervorriefen. Beispielsweise sind Genetiker zu dem Schluß gelangt, daß etwa 80 % der verschiedenen Arten von Schwachsinn und

Idiotie durch genetische Mängel verursacht werden, und für die beiden verbreitetsten Geisteskrankheiten – manisch-depressives Irresein und Schizophrenie – ist der Prozentsatz sogar noch höher.

Fortschritte in der Erforschung menschlicher Chromosomen in allerletzter Zeit haben es möglich gemacht, Veränderungen zu beobachten, die sowohl das Verhalten als auch andere Eigenarten beeinflussen. Beispielsweise ist die normale Chromosomenzahl beim Menschen 46, aber es gibt einzelne, die zuwenig oder zuviel haben. Das ist die Folge einer Störung in der Reduktionsteilung der sich bildenden Geschlechtszellen, von denen jede die Hälfte der Chromosomenzahl haben sollte. Wenn alles gutgeht, teilen sich die Chromosomen so, daß jedes Ei und jede Spermazelle 23 Chromosomen enthält und daß bei der Befruchtung die ursprüngliche Zahl wiederhergestellt wird.

Aber die Reduktionsteilung kann mißlingen. Beide Chromosomen eines Paares können beispielsweise in eine der Tochterzellen gelangen, wodurch diese ein Chromosom zuviel erhält, während die nächste dann eins zuwenig bekommt. Wenn eine solche Geschlechtszelle – Ei oder Spermatozoon – an der Fortpflanzung teilnimmt, wird das Kind, das daraus entsteht, die falsche Chromosomenzahl haben, und das kann zu ernsten Defekten führen.

Das Vorhandensein eines bestimmten zusätzlichen Chromosoms führt beispielsweise zu Mongolismus, der nicht nur die geistige Entwicklung in hohem Grade hemmt, sondern auch durch typische sichtbare Veränderungen charakterisiert ist: das Gesicht ist rund und flach mit schrägen Augen, kleinem Mund und kleinen, flach anliegenden Ohren. Das Fehlen eines Teils von einem anderen Chromosom führt ebenfalls zu Schwachsinn, zu eigentümlichen Verbildungen des Gesichts und zu einer Anomalie des Kehlkopfs, durch die diese Kinder eine miauende Stimme bekommen (daher der Name *cri-du-chat*-Syndrom).

Einige besondere Veränderungen ergeben sich aus der Zahl

der Geschlechtschromosomen, die, wie wir uns erinnern, XX bei Frauen und XY bei Männern sind. So führt beispielsweise ein zusätzliches X-Chromosom bei einem Mann, der dann also den Satz XXY trägt, zu einer merklichen Verweiblichung. Die Hoden entwickeln sich nicht ausreichend, es wird kein Sperma gebildet, und Körper und Gesicht weisen weibliche Merkmale auf. Das zeigt, daß die Wirkung des Y-Chromosoms, das die Männlichkeit verursacht, zum Teil von den beiden X-Chromosomen kompensiert wird.

Der umgekehrte Zustand, ein zusätzliches Y-Chromosom, müßte dann, wie man erwarten könnte, einen »Supermenschen« mit dem Satz XYY hervorbringen. Ein solcher Mensch ist tatsächlich sehr groß und leidet an leichtem Schwachsinn mit extremer Tendenz zur Aggressivität, die solchen unglücklichen »Supermann« häufig völlig asozial macht. Das ist ein besonders aufschlußreiches Beispiel für die genetische Grundlage des Verhaltens.

Doch solche genetischen Veränderungen mit starken, leicht zu beobachtenden Auswirkungen stehen an einem Ende der Skala. Man wird vernünftigerweise annehmen dürfen, daß Gene, die das Verhalten beeinflussen – genau wie andere Eigenarten –, sehr verschieden starke Wirkungen haben können: fast unmerkliche bis zu entscheidenden. Ferner können mehrere Gene möglicherweise die gleiche Eigenschaft beeinflussen, wie es z. B. bei der menschlichen Hautfarbe der Fall ist. Anderseits kann, wie bei Genen für körperliche Eigenschaften, wiederum ein einziges Gen mehrere scheinbar nicht miteinander zusammenhängende Wirkungen ausüben – dieselbe genetische Veränderung mag sowohl körperliche als auch psychische Merkmale beeinträchtigen, wie es bei dem »Supermann« mit dem Genensatz XYY der Fall ist.

Das Studium solcher Verhaltensgene befindet sich noch im Anfangsstadium, doch ist bereits soviel getan – beispielsweise in der Zwillingsforschung, die mit Hilfe besonders umfangreicher mathematischer Verfahren ausgewertet wird –, daß festgestellt werden konnte, daß sie tatsächlich vorhanden sind, auch wenn sie vielleicht eher als Persönlichkeitsdeterminanten in allgemeiner Hinsicht funktionieren, als daß sie irgendwelche spezifischen Handlungen beeinflussen.

Tod durch Gewalt

Heute sterben viele Menschen eines gewaltsamen Todes, und alles deutet darauf hin, daß die Zahl solcher Todesfälle zunehmen wird. Das gilt vermutlich für alle Teile der Welt, und die hochentwickelten Länder bilden da keine Ausnahme.

Verkehrsunfälle gehören heute zu den Haupttodesursachen in den hochindustrialisierten Ländern. Sie fordern sehr viel mehr Menschenleben als Kriege, und die Zahl der Verkehrstoten steigt jedes Jahr. Da die Weltbevölkerung ebenso wächst wie der Verkehr, werden die Unfälle um einen ständig steigenden Faktor zunehmen. Das ist leicht einzusehen, denn wenn sich die Zahl der umherfahrenden Menschen erhöht, so erhöht sich die Zahl der möglichen »Treffer« noch schneller. Beispielsweise sind auf einer Insel, auf der es nur drei Autos gibt, nur drei verschiedene Zusammenstöße zweier Wagen möglich. Bei vier Wagen steigt die Zahl dieser Zusammenstöße schon auf sechs, bei fünf Wagen auf zehn, bei sechs auf fünfzehn und so fort. Wenn die Zahl der Fahrzeuge genügend hoch wird, könnte der Verkehrsunfall zu dem entscheidenden Faktor werden, um die Bevölkerungszunahme im Schach zu halten.

Aber Verkehrsunfälle schlagen nicht unterschiedslos zu.

Zunächst einmal treffen sie fast ausschließlich Menschen, die unterwegs sind. Menschen, die zu Haus bleiben, sind im allgemeinen sicher vor Verkehrsunfällen, abgesehen von den wenigen, die in ihren Wohnungen von abgeirrten Autos oder abgestürzten Flugzeugen getötet werden. Die Zahl der Verkehrsunfälle steht im direkten Verhältnis zur Zahl der zurückgelegten Kilometer, hängt aber selbstverständlich auch von der Art des Wagens ab, der benutzt wird. Damit wird der Effekt auslesewirksam (selektiv). Ihre Gene machen Sie vielleicht besonders geeignet für einen bestimmten Beruf, und dieser Beruf erfordert entweder viel oder wenig Reisen. Der seßhafte Typ ist also weniger gefährdet.
Wenn Sie erst einmal draußen auf der Fahrstraße oder auf dem Bürgersteig sind, kommen neue Auslesefaktoren ins Spiel. Welches ist beispielsweise Ihre Einstellung zum Fahren? Die Autohersteller geben ihren Produkten Namen, die für verwegenes, aggressives Fahren sprechen. Prahlen und Renommieren mag für einen mittelalterlichen Reisenden sehr nützlich gewesen sein, der Schurken und Landstreicher, denen er auf der Landstraße begegnen konnte, abschrecken wollte, doch im modernen Verkehr ist so etwas mehr oder weniger tödlich. Es kann kaum Zweifel daran bestehen, daß die Auslese im Begriff ist, künftige Generationen mit größerer angeborener Vorsicht auszustatten, als sie die jetzige Generation besitzt, und daß diese Auslese die Art und Weise beeinflussen wird, wie wir uns auf den modernen Autostraßen verhalten.
Auch Fußgänger fallen Verkehrsunfällen zum Opfer, Kinder sind dabei die gefährdetste Gruppe. Hier ist die Sterblichkeit vermutlich ebenfalls wieder selektiv, mindestens bis zu einem gewissen Grad. Es liegt bereits Beweismaterial dafür vor, daß frühreife Kinder, deren Intelligenz und Forschungsdrang ihren motorischen Reaktionen voraus sind, unter den Gefahren des Straßenverkehrs besonders leiden. Aber die Verkehrsunfälle begünstigen nicht nur die Vorsichtigen und Seßhaften. Auch die Sinnesorgane und moto-

rischen Reaktionen werden ständig getestet. Von gutem Sehvermögen und raschen Reaktionen können Leben und Tod abhängen. In dieser Hinsicht könnte die Auslese ebenfalls, wiederum durch mehr angeborene Vorsicht, größere Achtsamkeit beim Alkohol- und Drogengebrauch während des Fahrens fördern. Das alte Gesetz des Dschungels ist vom Auto wiederbelebt worden.

Natürlich hängt die statistische Wahrscheinlichkeit, daß ein bestimmter Mensch verletzt wird, von den verschiedenen Beförderungsmöglichkeiten ab, und damit ist auch die Auslesewirkung variabel. Das gefährlichste Fahrzeug ist das Motorrad, dem das Auto als guter Zweiter folgt. Dagegen sind Unfälle in öffentlichen Verkehrsmitteln weit weniger selektiv in der Wirkung.

Nun haben Sie also den Gefahren die Stirn geboten und sind an Ihrem Bestimmungsort angekommen – an Ihrem Arbeitsplatz. Hier stehen Sie neuen Bedrohungen gegenüber, und wiederum hängt deren Natur von dem Beruf ab, den Sie ausüben. Ein Hafenarbeiter führt beispielsweise ein verhältnismäßig gefährliches Leben. Nach einer Untersuchung vor kurzer Zeit entfallen in diesem Beruf etwa hundert Unfälle auf je eine Million Arbeitsstunden – im Vergleich zu etwa dreißig bei Lastwagenfahrern, zwanzig bei Lokführern, zehn bei Busfahrern, sechs bei Taxifahrern und fast null bei Zeitungsausträgern. Und die Unfälle geschehen nicht ganz unterschiedslos. Einen Augenblick ist man unvorsichtig, und schon ist's passiert. Gestern abend ein paar Schluck mehr als sonst? Die Neigung, erst zu handeln und dann nachzudenken? Heute morgen ein Krach zu Haus? All diese Dinge können die Gefährdung durch Unfälle verstärken.

Zu Haus sind Unfälle übrigens auch besonders häufig. Für die Hausfrau sind häusliche Unfälle *die* Berufsgefahr, und wieder ist es Unvorsichtigkeit, die auf die Dauer bestraft wird. Wenn es auch zutrifft, daß viele Haushaltgeräte wegen ihrer schlechten Konstruktion nicht sicher sind, so ereignen sich doch zahlreiche häusliche Unfälle infolge von Unvorsichtigkeit beim Fensterputzen, bei der Handhabung von elektrischen Geräten, Gasherden und so fort. Auch Kinder erleiden häufig Unfälle im Haushalt. Beispielsweise vergißt ein Erwachsener, Medikamente außer Reichweite von Kinderhänden aufzubewahren, oder er bringt eine Schüssel kochendheißes Wasser in die Nähe eines Kleinkindes. Das kann zum Tod oder zu lebenslanger Verkrüpplung führen. Zu Haus entspannt man sich, wird sorglos und fällt die Treppe hinunter.

Wir haben alles satt und entschließen uns zu dem bequemsten Ausweg – zu einem Sprung aus dem Fenster, zu einer Kugel, zu allzuviel Schlaftabletten. Die Selbstmordziffer in den westlichen Ländern schwankt zwischen 0,1 und 0,2 Promille, weist jedoch bedeutende Variationen auf, die darauf hindeuten, daß sie, wenn auch klein, so doch höchst auslesewirksam ist. Beispielsweise ist die Selbstmordziffer ziemlich niedrig unter weißen männlichen New Yorkern im fortpflanzungsfähigen Alter, steigt später jedoch recht steil auf Werte von 0,4 bis 0,5 in den älteren Gruppen an. Neger in New York haben dagegen eine Selbstmordhäufigkeit, die einen erschreckenden Höhepunkt bei jungen und etwas reiferen Männern erreicht und die Bitterkeit und Frustration widerspiegelt, die ihr Schicksal mit sich bringt.

Dazu kommen die Tötungsdelikte. Niemand ist prädestiniert, Opfer eines Mörders, und ebensowenig, Selbstmörder zu werden. Und doch könnte da eine ausreichende genetische Korrelation vorliegen, um auch hier eine Auslesewirkung zu erzielen. Die Arroganten? Die Unvorsichtigen? Die Wehrlosen? Die Einsamen? Wenn auch Selbstmord und Tötung durch andere zusammen nicht einmal auf ein Promille kommen mögen, ergibt schon das einen kleinen Wirbel im Gen-Pool, der auf die Dauer zu Veränderungen führen kann.

Wenn wir weiter in die Gebiete der Unterprivilegierten eindringen, begegnen wir neuen Formen der Schädigung oder des Todes durch Gewalt. Jetzt sind es Entbehrungen, die zum Hauptfaktor werden – vor allem anderen der Hunger. Es wurde bereits erwähnt, daß sich die Zusammensetzung der Weltbevölkerung insgesamt infolge der Auslese durch unterschiedliche Fruchtbarkeit ändert: die Geburtenziffern sind in manchen Teilen der Welt weit höher als in anderen, und damit erhöht sich ihr Anteil am gemeinsamen Gen-Pool. Doch eine höhere Geburtenziffer könnte durch eine noch höhere Sterblichkeit, besonders unter Kindern, reichlich ausgeglichen werden, und wenn die jetzigen Trends anhalten, wird diese Sterblichkeit vermutlich sogar zunehmen.

Wenn sich diese Populationen vermehren, nimmt der Hunger häufig unverhältnismäßig zu, denn gleichzeitig werden die natürlichen Reichtümer durch räuberische Ausbeutung in verschiedenen Formen erschöpft. Wälder werden als Nutzholz geschlagen, oder die natürliche Vegetation wird abgebrannt, um Platz für Kulturpflanzen zu schaffen, die den Boden rasch schädigen. Die wilden Tiere werden abgeschossen, um mehr Raum für Rinder zu bekommen, die die Steppen übermäßig abweiden. Dann tritt Bodenerosion auf, und fruchtbare Landstriche verwandeln sich in Wüste und Unland. Wenn der Hunger zum Hauptfaktor wird, der die Population niederhält, kann es sein, daß nur die sehr Skrupellosen und Selbstsüchtigen überleben und damit ihre Gene an künftige Generationen weitergeben.

Schließlich gibt es den Krieg. Die große Bombe tötet alle, und die Taktiken der Entlaubung und der verbrannten Erde sind ebenfalls mehr oder weniger unterschiedslos zerstörerisch. Doch an der Front werden die Ausfälle immer noch überwiegend von der Truppe selbst getragen, und die bestehen in der Hauptsache aus Leuten, die wegen körperlicher Tüchtigkeit, Bereitwilligkeit zur Ausbildung und (einige, keineswegs alle) wegen ihrer Aufopferungsfähigkeit ausgewählt wurden. Da ein großer Teil der Welt jetzt mehr oder weniger im Zustand ständigen Krieges lebt, muß eine Auslese dieser Art in Funktion treten.

Gift

Unfälle oder Gewalt mögen Menschen schädigen oder töten. Absichtlich oder unabsichtlich angewendetes Gift tut das gleiche. Je mehr wir uns mit giftigen Stoffen umgeben, desto wahrscheinlicher wird es, daß wir auch selbst etwas von dem einen oder anderen Gift aufnehmen. Sobald man zuläßt, daß solche Stoffe auf uns einwirken, kommt die Auslese ins Spiel.

Die Wege, auf denen Gifte uns beeinflussen können, lassen sich am besten an kleinen Organismen mit rascher Generationsfolge studieren. Die Reaktion solcher Organismen auf toxisches Material ist intensiv untersucht worden. Früher wurden viele Krankheiten leicht mit Antibiotika kuriert, doch dann entwickelten sich in einigen der betroffenen Mikroorganismen resistente Stämme, die von den zur Verfügung stehenden Mitteln nicht getötet werden konnten. Es mußten neue Medikamente geschaffen werden, doch die förderten wiederum neue resistente Stämme, und so geht der Kreislauf weiter: ein nie endender Kampf.

Die großen Zitrusplantagen in Kalifornien werden von verschiedenen Schildläusen geschädigt, die lange Zeit durch Verdampfung von Blausäure bekämpft wurden. Man weiß, daß es sich dabei um ein sehr starkes Gift handelt. Doch schon 1914 traten Schildlausstämme auf, die durch die Blausäure nicht völlig vernichtet wurden, und diese Stämme haben sich allmählich über viele Plantagen verbreitet. Bald zeigte sich, daß die Resistenz auf eine einzige Mutation zurückzuführen war. Anscheinend erhielten die resistenten Schildläuse durch diese genetische Veränderung die Fähigkeit, ihre Tracheen (durch die sie atmen) bis zu dreißig Minuten lang geschlossen zu halten; in dieser Zeit war das Gift bereits verdampft. Normale Schildläuse können dagegen nur etwa eine Minute lang auf das Atmen verzichten, und diese Zeit genügt nicht, um die Wirkung der Blausäure zu verhindern. Die resistenten Schildläuse besitzen also keine physiologische Immunität gegen das Gift selbst: sie haben nur die Fähigkeit entwickelt, die Luft anzuhalten.

Was geschieht nun, wenn in die menschliche Gesellschaft ein neues Gift eingeführt wird? Denken wir einmal an einen giftigen Stoff, der uns seit ungezählten Generationen vertraut ist – Alkohol. Er erscheint in verschiedener Gestalt – Wein, Bier, Met, Cider, Pulque, Sake, Whisky usw. – und wird in den meisten Teilen der Welt seit Jahrtausenden von Menschen genossen. Man muß annehmen, daß das zu einer Auslese führte, die die Menschen auf verschiedene Weise mehr oder weniger resistent gegen die giftigen Wirkungen des Rauschmittels machte. Beispielsweise schädigt regelmäßiger Genuß erheblicher Alkoholmengen im Lauf der Zeit die Leber. In Ländern, wo Wein tägliches Getränk ist, sind die Lebern vermutlich im ganzen eher fähig, mit dem Alkohol fertig zu werden, als in Ländern, wo der Genuß weniger regelmäßig ist – und etwa in der Form eines wöchentlichen Rausches vor sich geht. Das gleiche müßte für andere körperliche Auswirkungen des Alkohols gelten.

Es gibt da auch einen Verhaltensaspekt. Ein Teil der Resistenz ist vermutlich mit der Fähigkeit der Schildlaus, die Luft anzuhalten, zu vergleichen. Die entsprechende Fähigkeit beim Menschen wäre dann die, sich nicht vom Alkohol abhängig zu machen, d. h. kein Alkoholiker zu werden. Und wir wissen recht gut, daß diese Art der Auslese weiter vor sich geht.

Wer wird Alkoholiker? Unter genügend starkem Streß kann es wohl jeder werden, doch der Schwellenwert ist bei Menschen mit unterschiedlicher genetischer Veranlagung gewiß verschieden, und das bedeutet Auslese. Bei Alkoholikern sind Fruchtbarkeit, Lebenslänge und die Fähigkeit, für die Nachkommen zu sorgen, vermindert. Doch in den meisten Teilen der Welt ist diese Art natürlicher Auslese seit zahllosen Generationen am Werk und hat zu einem hohen Grad von Immunität geführt. In den Gesellschaften, die schon lange Alkohol trinken, wird die Mehrzahl der Menschen nicht zu Alkoholikern. Alkohol ist, wie man sagt, in die Gesellschaft »integriert«. Wir haben gute Gründe für die Annahme, daß diese Integration auch eine genetische Komponente hat.

Wir wissen, was geschieht, wenn Alkohol bei Menschen eingeführt wird, die ihn vorher nicht kannten. Die südamerikanischen Indianer hatten Alkohol, die nordamerikanischen Indianer nicht. Die Wirkung auf letztere war katastrophal. Die Ausrottung der nordamerikanischen Indianer ist vielleicht zu einem großen Teil darauf zurückzuführen, daß sie Alkohol bekamen, wenn auch die Verfolgung durch die Einwanderer der Hauptfaktor gewesen ist. Der Gegensatz zu Südamerika, wo der eingeborene Typ noch immer vorherrscht, ist in jedem Fall auffallend.

Resistenz gegen Alkohol muß nicht gleichzeitig Resistenz gegen andere Genußgifte bedeuten. Tabak ist ein gutes Beispiel. Das Rauchen wurde aus Amerika zu verhältnismäßig spätem Datum eingeführt und war deshalb für die europäische Bevölkerung und die nichtindianischen Amerikaner vergleichsweise neu. Überall gibt es süchtige Raucher. Offensichtlich ist unsere Resistenz gegen diese Gewohnheit sehr gering.

Wie steht es hier mit der natürlichen Auslese? Ja, die gibt es. Berichte über die üblen Auswirkungen des Rauchens auf den menschlichen Körper werden immer zahlreicher. Die Sterblichkeit infolge von Lungenkrebs steigt rasch an, und der Tod trifft süchtige Raucher. Diejenigen, die nicht dieser Gefahr zum Opfer fallen, können der Thrombose oder anderen Krankheiten des Kreislaufsystems erliegen. Das ist Auslese, und man kann sich ein rachsüchtiges Lächeln auf dem Gesicht ihres Gorgonenhauptes vorstellen: die Indianer rächen sich.

Wird die Auslese wirksam werden? Süchtige Raucher haben eine kürzere Lebenserwartung als Nichtraucher, aber sterben sie früh genug, um ihre Fortpflanzung zu beeinflussen und damit das Verhalten künftiger Generationen? Bedeutet die weniger widerstandsfähige Gesundheit des Rauchers eine ernsthafte Verminderung der Chancen für seine Kinder? Die Antwort muß wahrscheinlich ja lauten, denn die Auslese ist ein äußerst zuverlässiger Mechanismus. All dies gehört zum Bild effektiver natürlicher Auslese. (Seit ich dies schrieb, hat man de facto bereits einen Zusammenhang zwischen dem Rauchen und Geburtsschäden nachgewiesen.)

Genetiker haben errechnet, daß sich selbst ein so winziger Unterschied in der Fortpflanzung wie ein Tausendstel (oder 0,001) auswirkt. Wenn also eine bestimmte Anzahl von Rauchern 1000 Kinder und die gleiche Zahl von Nichtrauchern 1001 Kinder hat, dann genügt das, um die Evolution zu beeinflussen. Ich glaube, wir dürfen hoffen, daß der westliche Mensch in 2000 bis 3000 Jahren in der Lage sein wird, dem Tabak gegenüber eine vernünftige Stellung einzunehmen.

Aber wir wollen uns von dieser Aussicht nicht blenden lassen. Ehe wir überhaupt Zeit gehabt haben, auch nur mit der Auslese für Tabakresistenz richtig anzufangen, werden bereits andere Gifte von bedenkenlosen Experimentalisten eingeführt. Nehmen wir Marihuana, das (wie Haschisch und verwandte Rauschmittel) von Menschen in arabischen Ländern und in Indien schon lange genossen wird, in diesen Gebieten aber nicht besonders problematisch zu sein scheint. Man sagt, sein Genuß sei in diesen Gesellschaften integriert, und uns sollte mittlerweile klar sein, daß dies auch einen genetischen Aspekt hat. Es gibt dort wenig ernsthafte Süchtigkeit; Genotypen, die diesen Drogen zum Opfer gefallen wären, sind vermutlich während Hunderter von Generationen negativ ausgelesen worden.

Es bleibt abzuwarten, was geschieht, wenn der Genuß dieses Rauschmittels massiv in eine Gesellschaft mit einer anderen genetischen Veranlagung eingeführt wird. Daß es eine Phase der Auslese geben wird, liegt auf der Hand – aber wie intensiv wird sie sein und wie lange wird sie dauern? Es wird vermutlich mindestens eine Generation dauern, ehe man dazu etwas sagen kann. Vielleicht stellt sich heraus, daß der Genuß von Haschisch von hoher selektiver Wirksamkeit ist, d. h., er wird die süchtig werdenden Individuen rasch vernichten. In diesem Fall dürften, wenn wir Glück haben, 500 Jahre genügen, den gleichen Grad von Immunität der Allgemeinheit zu erreichen, den wir jetzt im Hinblick auf Alkohol verzeichnen können. Kreuzung mit Menschen, die zu den Haschisch gebrauchenden Kulturen gehören, würde vermutlich nützlich sein und die notwendige Zeit weiter verkürzen.

Leider ist das noch nicht alles. Allzuviele Kräfte wirken in verschiedene Richtungen. Neue Drogen von vielfacher Stärke werden ständig auf den Markt gebracht – legal oder illegal – und tragen ihren Teil zur Auslesesituation bei. Hochselektive Sterblichkeitsziffern, die auf den Rauschgiftgenuß zurückzuführen sind, könnten sich als weiterer wichtiger Faktor erweisen, der darauf hinwirkt, die Bevölkerungsexplosion zum Stillstand zu bringen. Das Zusammengepferchtsein und der Streß nehmen zu – Nirwana lockt.

Vielleicht gelangen wir in einigen tausend Jahren durch intensive Auslese dazu, eine Art Supermensch zu zeugen, der sich von keiner der Gefahren versklaven läßt – weder von Wein, LSD, Aspirin noch Haschisch – vielleicht nicht einmal vom Sex. Er wird Feuer fressen und Glas zerbeißen. Meinen wir, daß er das wert wäre?

Blick in die Zukunft

Soviel über Vergangenheit und Gegenwart: Wie steht's mit der Zukunft? In diesem geologischen Augenblick wird die unmittelbar vor uns liegende Zukunft von dem verhängnisvollen Anwachsen der menschlichen Bevölkerung beherrscht. Gewiß wird dieses Anwachsen schließlich zum Stillstand kommen, aber wie? Massive Zerstörung durch Kriege, die nur wenige Versprengte mit schwer geschädigter genetischer Konstitution am Leben lassen? Aus ihnen könnte die Auslese eine neue Rasse besserer Menschen züchten, und letztlich könnte die Menschheit vielleicht dabei gewinnen. Doch das Experiment scheint nicht der Mühe wert zu sein. Manche meinen, eine solche Katastrophe könnte den Menschen auf das Affenstadium zurückwerfen, doch das darf man ausschließen, denn wir waren niemals Affen, und außerdem gibt es kein Rückwärtsgehen: Die Evolution kehrt ihren Lauf nicht um.

Auf der anderen Seite könnte die Bevölkerungszunahme auch durch einen schroffen Anstieg der Sterblichkeit zum Stillstand gebracht werden. Zu diesem Anstieg der Sterblichkeit könnten Faktoren wie Anwachsen der Unfälle, Umweltverschmutzung, Rauschmittelsucht und so fort beitragen – vielleicht noch ein paar kleine Kriege als Zugabe. Oder werden sich die Wohlgenährten und Mächtigen einfach gegen ihre schwächeren Brüder wenden und sie wie Ungeziefer vernichten, wie es in Auschwitz und My Lai geschah?

Es gibt Möglichkeiten aller Art, und die meisten sind so

grauenhaft, daß wir kaum daran zu denken wagen. Die abscheulichste wäre vielleicht, daß die Menschen sozusagen aufhörten, sich gegenseitig als Angehörige derselben biologischen Art anzusehen, sondern die anderen statt dessen als Affen, Schweine, Ungeziefer oder was sonst noch betrachteten. Die politische Satire strotzt von Darstellungen des Gegners in tierischer Gestalt – als Krokodil, Spinne, Geier und so fort. Das ist nicht nur ungerecht den Tieren gegenüber (die in Wirklichkeit wunderbar und faszinierend sind), sondern es züchtet eben jene Reaktion »artfremder« Einstellung gegen Mitmenschen, die zu solchen Ungeheuerlichkeiten führt.

Solche alles zerstörenden Möglichkeiten verdunkeln den Ausblick auf unsere unmittelbare Zukunft. Es mag sein, daß die Menschheit ihre Zeit gehabt hat und sich selbst und das Leben auf diesem Planeten auslöscht. Dennoch muß es andere Wege geben, und wir besitzen ja tatsächlich bereits die wissenschaftlichen Kenntnisse, die Probleme zu lösen. Es ist jedoch eine politische Frage, wie man sie in die Praxis überträgt, ohne seine Zuflucht zur »Endlösung« fanatischer Typen zu nehmen.

Vielleicht wird die Lösung ein Kompromiß sein, eine Mischung aus Humanem und Bestialischem: ein schmerzlicher, stümperhafter und trotzdem bescheiden erfolgreicher Kompromiß, durch den genügend Liebe und Mitleid bewahrt bleiben, um es durchzustehen. Das ist vermutlich das Beste, worauf wir hoffen dürfen.

Wenn wir versuchen, über diese Szenen des drohenden Unheils hinauszublicken, weil wir annehmen, die Menschheit wird sie überleben und weiter in zivilisierten Gesellschaften leben, dann sehen wir vor uns eine vielfach längere Zukunft, als es die vergangene Geschichte der Menschen und Hominiden war, die im Hauptteil dieses Buches behandelt wurde. Die Erde besteht jetzt seit etwa 5 Milliarden Jahren, und nichts spricht für die Annahme, daß sie nicht noch mindestens ebensolange weiterbestehen könnte. Die Sonne gehört offenbar zu den stabilen Sternen der Milchstraße, und sie wird die Erde weiter für sehr lange Zeit zu einem bewohnbaren Planeten machen.

Es ist an uns, auch unsererseits die Übereinkunft einzuhalten. Das bedeutet, daß wir mit der Planung beginnen müssen, nicht nur für unsere Generation und die nächste, sondern mit dem Blick auf eine Zukunft von vielen Jahrmillionen. Daß dies eine völlige Neuaufbereitung aller verwendeten Rohstoffe – ein völliges Ende der Umweltverschmutzung und der räuberischen Ausbeutung der natürlichen Rohstoffquellen und so fort, also die Schaffung geschlossener Kreislaufprozesse, bedeutet, liegt auf der Hand. Aber es bedeutet noch weit mehr. Es heißt, daß wir aufhören müssen, mit dem Feuer zu spielen. Zweifellos können wir eine Bombe schaffen, die die Erde zerstört, und unseren Feind damit bedrohen (es gibt einige Gestalten in der Geschichte, die durchaus fähig dazu wären), doch wir täten es besser nicht. Das Risiko, daß die Drohung verwirklicht wird, mag nur eins zu einer Million sein, und dennoch kann, wenn sich die Situation oft genug wiederholt, das statistisch unwahrscheinliche Ereignis wahrscheinlich und schließlich fast gewiß werden: Am Ende drückt jemand auf den Knopf.

Was die Menschen betrifft, die diese Welt der Zukunft bevölkern werden, so sind manche unterhaltsamen Spekulationen gemacht worden. Auf der einen Seite hat man diese Menschen der Zukunft als geschrumpfte Zwerge mit rückgebildeten Gliedmaßen, aber riesenhaften, überentwickelten Gehirnen dargestellt. (Der Verlust der Weisheitszähne und der äußeren Zehen ist nicht unwahrscheinlich.) Auf der anderen Seite hat bessere Ernährung – und vermutlich auch zunehmende Vermischung verschiedener Rassen mit der sich daraus ergebenden Hybridenenergie – zu auffallender Erhöhung der Körpergröße während der letzten Jahrzehnte geführt, und diese Tendenz könnte bis zu einem gewissen Grad anhalten, doch gewiß nicht so, daß Riesen im wahren

Sinn des Wortes entstehen. Zumindest nicht auf der Erde. Wie steht es mit anderen Planeten? In der Zukunft sind wir vielleicht in der Lage, den Mars und den Mond auf die Dauer zu besiedeln, möglicherweise auch Planeten in anderen Sonnensystemen zu erreichen. Mit der Zeit werden solche Unternehmungen fast unausweichlich zur Evolution völlig anderer Menschenarten auf verschiedenen Planeten führen. Die Umwelten werden dort (selbst wenn sie zum Teil künstlich sind) so verschieden von der Umwelt auf der Erde sein, daß sich völlig neue Formen des Auslesedrucks entwickeln.

Ein Marssiedler beispielsweise würde, obwohl er in einer künstlichen Atmosphäre lebte, vermutlich unter dem Auslesedruck stehen, der hinwirkt auf eine Erhöhung der Körpergröße und die Fähigkeit, Kälte zu ertragen. Die geringe Schwerkraft auf dem Mars ermöglicht es, sehr viel größere Körpermaße zu erreichen als auf der Erde, ohne daß Knochen und Muskeln allzuviel Anstrengung zugemutet wird. Und da die fossilen Urkunden der irdischen Paläontologie zeigen, daß Zunahme der Größe möglich ist, wird sie vermutlich auftreten.

Die Gründe sind einfach genug. Bei zunehmender Größe vermindert sich der Quotient von Oberfläche und Körpergewicht, wodurch die Widerstandsfähigkeit gegen Kälte wächst. Man braucht außerdem weniger Nahrung und Sauerstoff im Verhältnis zum Körpergewicht – kurz, man lebt sparsamer. Gleichzeitig erhöht sich die Lebenserwartung, vermutlich, weil die Stoffwechselvorgänge langsamer ablaufen. Ein Mäuseherz macht in den wenigen Monaten, die die Maus lebt, ebenso viele Schläge wie das Herz eines Elefanten in einigen siebzig Jahren. Man könnte sagen, daß beide gleich »viel« leben, die Maus macht's nur schneller. Diesen Faktor findet man auch in unserm Leben. Vor langer Zeit wies Gaston Backman darauf hin, daß die organisierte Zeit logarithmisch sei. In einer logarithmischen Skala sind, je höher die Zahlen steigen, die Einheiten um so kürzer. Im

Leben eines Organismus verstreicht die Zeit mit zunehmendem Alter schneller. Das ist für uns alle eine Binsenwahrheit. Ein Tag in der Kindheit ist eine lange, lange Zeit, angefüllt mit Ereignissen und Erfahrungen (»Will morgen denn gar nicht kommen?«). Im Alter kommt das Morgen nur allzu rasch. Wo ein Jahr der Kindheit selig dahinfließt wie eine Ewigkeit, verfliegen die Jahre um so rascher, je älter man wird.

Doch wird die Länge der Zeit in gewisser Weise subjektiv. Vielleicht könnte die Maus nachdrücklich erklären, ihr Leben sei wirklich ebensolang wie das des Elefanten. Und der hypothetische Marssiedler künftiger Jahrtausende hat vielleicht den Eindruck, daß sein Leben, obwohl an tatsächlichen Jahren weit länger, in Wirklichkeit nicht länger war als das des Erdenmenschen; er lebte es nur langsamer.

Wenn solche Anpassungsveränderungen stattfinden, so leuchtet es uns ein, daß Kreuzungen zwischen Erdenmenschen und Marssiedlern allmählich ein Ende haben würden. Der Verkehr zwischen den beiden Planeten könnte niemals intensiv werden – die Reise würde Monate dauern und äußerst teuer sein. Die Einführung von irdischen Genen in eine Marssiedlung würde nur schlecht Angepaßte hervorbringen, und das gleiche gilt natürlich für Marsgene, die auf die Erde gebracht werden. Hier haben wir wieder die Geschichte von Arktis und Tropen, nur daß sich die Folgen noch sehr verstärkt hätten. Nun würde die Auslese darauf hinwirken, daß Paarungsschranken zwischen den beiden Populationen entstehen: die würden zu zwei verschiedenen Arten werden. Das gleiche gilt für Pflanzen und Tiere, die wir vielleicht auf den Mars bringen.

Wie wir sahen, ist das nichts Neues in der Evolution des Menschen. Die Gruppe hat sich auch früher schon in verschiedene Arten aufgespalten. Doch in der Vergangenheit sind alle bis auf eine schließlich ausgestorben. Die Besiedlung anderer Planeten würde jedoch jeder Art eine eigene Nische und damit eine gute Überlebenschance geben – es sei denn, daß wir nach unserer schönen alten Tradition schließlich anfangen würden, große interplanetarische Kriege zu führen.

Verfolgen wir dieses Thema noch ein wenig weiter: Die Science-fiction liebt die sogenannten Humanoiden – menschenähnliche Geschöpfe fremden Ursprungs, die sich auf einem fremden Planeten getrennt von uns entwickelt haben, aber eine erstaunliche Konvergenz mit *Homo sapiens* aufweisen (die Männer sind unheimlich, die Frauen schön). Besteht tatsächlich die Wahrscheinlichkeit, daß sich auf einem anderen Planeten menschenähnliche Wesen entwickeln würden? Nach einigen Kosmologien aus jüngster Zeit sind Sonnensysteme wie das unsere nicht ungewöhnlich im Universum, deshalb könnte es eine große Zahl bewohnbarer Planeten in unserem Gebiet der Galaxis geben.

Der Mensch ist das Ergebnis einer Evolution, die ungeheuer viel länger ist als der in vorliegendem Buch dargestellte Teil. Wenn es Vorfahren wie den *Propliopithecus* und eine geeignete Umwelt gegeben hätte, dann wäre das Entstehen eines menschenähnlichen Wesens wohl recht wahrscheinlich, wenn möglicherweise auch der robuste Dartianer die überlebende Endform hätte sein können. Doch im Gesamtbild war bereits fast alles entschieden, als *Propliopithecus* entstand. Die Natur hatte bis dahin hervorgebracht: 1. Leben, 2. einzellige Organismen, 3. vielzellige Organismen, 4. Tiere mit einer Chorda dorsalis, 5. Wirbeltiere, 6. landbewohnende Wirbeltiere, 7. Säugetiere, 8. Primaten und 9. höhere Primaten der Hominidengruppe. Bei jedem Schritt waren zahllose Möglichkeiten für die weitere Evolution vorhanden, doch nur ein kleiner Bruchteil von ihnen wurde in der Form überlebender Gruppen verwirklicht – es mußten die geeigneten sein.

Das Erscheinen des Menschen ist also das Ergebnis eines ungeheuer langen, komplizierten historischen Prozesses, wo der reine Zufall eine wichtige Rolle für das Entstehen mancher unserer Merkmale gespielt hat. Unsere Zähne begannen ihre Geschichte beispielsweise als schuppenähnliche Körperbedeckung gewisser unauffälliger fischartiger Geschöpfe in den Meeren vor über 400 Millionen Jahren. Hätten sie diese eigentümlichen Schuppen nicht besessen, wäre die gesamte Geschichte der Säugetiere vermutlich anders verlaufen, wenn sie nicht überhaupt unmöglich geworden wäre, da Zähne für diese Geschichte von entscheidender Bedeutung waren.

Unsere Arme und Beine wiederum stammen von den Brust- und Bauchflossen der Quastenflosser ab, die die Vorfahren aller landbewohnenden Wirbeltiere sind. Hätten diese Fische ein weiteres Paar Flossen gehabt, könnten die Wirbeltiere sechsbeinig geworden sein wie die Insekten. Das hätte übrigens eine halb aufgerichtete Haltung mit freien Händen viel leichter gemacht, so daß sich vielleicht kentaurenartige Wesen aus mehr als einer Tiergruppe entwikkelt hätten. Interplanetarischen Touristen sollte man den Rat geben, nach solchen »Humanoiden« Ausschau zu halten.

Ein berühmtes Beispiel für ein Merkmal, das nur zufällig vorhanden ist, das in unserer Entwicklungsgeschichte jedoch von Wichtigkeit war, sind die beiden Knochen in unserem Unterarm: Elle und Speiche. Diese Knochen bilden ein besonders sinnreiches Gelenk, das es uns ermöglicht, die Hand um ihre Längsachse zu drehen. Diese Bewegung ist für nahezu jede Art der Handhabung notwendig. Ohne sie besäßen wir keinerlei Handfertigkeit, die zu erwähnen sich lohnte. Die ganze Evolution des Menschen kreist also tatsächlich um die Tatsache, daß da zufällig zwei Knochen – und nicht nur einer – in diesem Teil der Flosse des Quastenflossers waren. Doch für diesen Fisch selbst haben diese Knochen wahrscheinlich nicht viel bedeutet. Sie waren lediglich ein Teil einer flexiblen Flosse, die auch für die Fortbewegung auf dem Lande benutzt werden konnte.

Solche historischen Zufälle haben eine wichtige Rolle für

die Gestaltung unseres Schicksals gespielt, und es ist ganz unwahrscheinlich, daß die gesamte Aufeinanderfolge in irgendeinem anderen Fall noch einmal durchgespielt werden könnte. Wenn Astronauten in ferner Zukunft menschenähnlichen »Humanoiden« begegnen, so würde sich vermutlich herausstellen, daß sie von menschlichen interplanetarischen Siedlern abstammen.

Doch eine Ausnahme gibt es. Falls das Universum unendlich ist, dann gibt es eine unendliche Zahl von Erden wie die unsere und eine unendliche Zahl von Kopien von Ihnen, von mir und von uns allen. Doch die Kosmologie, die vom unendlichen Universum ausgeht, ist in den letzten Jahren ziemlich heftig zerpflückt worden, und wir müssen diese recht überwältigende Vorstellung also zu den Akten legen. In einer anderen, vor kurzem entwickelten Kosmologie ist das Universum aus gleichen Teilen von Materie und Antimaterie zusammengesetzt. Um die Symmetrie vollkommen zu machen, müßten wir an das Vorhandensein einer Antierde irgendwo glauben, die von unseren Doubles bevölkert und aus Antimaterie aufgebaut ist.

Ganz allgemein betrachtet, können sich jedoch intelligente Wesen vermutlich auf verschiedene Weise entwickeln. Falls sie in einem fließenden Medium – etwa wie Wasser – leben, werden sie wahrscheinlich eher Fischen als Menschen in ihrem äußeren Erscheinungsbild ähneln. Die neuesten Untersuchungen an Walen und Delphinen machen ganz deutlich, daß das Leben auf dem Land, aufrechte Haltung und geschickte Hände nicht unbedingt für eine hohe Intelligenz notwendig sind.

Und hier muß unser Versuch, in die Zukunft und in ferne Welten zu blicken, ein Ende finden. Doch ein Faktor, der bisher noch nicht erwähnt wurde, könnte entscheidend wichtig werden. Die biologische Forschung ist im Begriff, den genetischen Code zu entschlüsseln, und könnte in der Zukunft den Punkt erreichen, an dem wir unsere Evolution direkt zu steuern vermögen, statt auf den schmerzlichen

Umweg der künstlichen oder natürlichen Auslese warten zu müssen. Alle Populationen in der Natur befinden sich in einem Dilemma: Sie brauchen die Auslese, um gesund und lebensfähig zu bleiben, doch für das Individuum ist die Auslese schmerzlich. Wenn sich der Mensch aus diesem Dilemma befreien kann, hat er die wirkliche Freiheit gewonnen – und das wird eine einzigartige Situation in der Geschichte des Lebens auf der Erde sein.

In diesem Buch habe ich versucht zu zeigen, daß die Einzigartigkeit des Menschen keine historische Erklärung hat. Seit über 35 Millionen Jahren ist unsere Abstammungslinie von denen anderer Lebewesen getrennt. Julian Huxley meint, daß sie auch noch in einem anderen Sinn einzigartig sei: es sei die einzige Linie, die noch ein evolutionäres Potential für die Zukunft besitze, die einzige, aus der noch etwas wahrhaft Neues entstehen könne. Ein Pferd, eine Katze, eine Fledermaus usw. können sich nicht zu etwas wirklich anderem entwickeln. Das könne nur der Mensch. Vielleicht hat Huxley recht.

Falls er recht hat, dann wollen wir alle daran teilhaben. Es gibt jetzt drei große Menschenrassen auf der Erde – die Schwarzen, die Weißen und die Gelben. Wir beherrschen die Erde, aber wir sind nicht allein. Es gibt noch andere: die Buschmänner, die Australiden und so fort. Wie A. Thoma sagt, sollte nicht ein einziges Blatt vom großen Baum der Menschheit verlorengehen, denn vielleicht alle könnten in der Zukunft eine Rolle zu spielen haben.

Tabelle 1
Die höheren Primaten in der Skala der geologischen Neuzeit

Geologische Epoche	Wichtige Fundorte	Fossile Primaten: Affenartige	Fossile Primaten: Menschenartige	Millionen Jahre
Pleistozän (Eiszeit) (siehe Tabelle 2)	Olduvai	Moderne Menschenaffen	Homo	
		Gigantopithecus	*Australopithecus* (Dartianer)	
	Omo			3
Pliozän	Siwalik-Berge	*Dryopithecus* *Pliopithecus*	*Ramapithecus*	
				12
Miozän	Fort Ternan		*Ramapithecus*	
	Rusinga	*Dryopithecus* *Pliopithecus*		
				25
Oligozän	Fayum	*Aegyptopithecus*	*Propliopithecus*	
		Oligopithecus		
				35
Eozän		Prosimier (Halbaffen)		

Tabelle 2

Hominiden in der Eiszeit

Eiszeit Chronologie	Europa	Asien	Afrika	Jahre
Flandern-interglazial	*Homo sapiens*	*Homo sapiens*	*Homo sapiens*	10 000
II. Weichsel-Würm-vereisung	*Homo sapiens*	*Homo sapiens* Skhul		30 000
Interstadial	Neandertaler	Große Niah-Höhle	Broken Hill (*Homo erectus*)	40 000
I. Weichsel-Würm-vereisung	Neandertaler	Tabun, Solo	Omo, Kanjera (*Homo sapiens*)	70 000
Eem-interglazial	Fontéchevade (*Homo sapiens*)	Mapa		100 000
Saale-Riß-vereisung	Montmaurin			
Holstein-interglazial	Swanscombe Steinheim	Choukoutien		250 000
Elster-Mindel-vereisung	Vértesszöllös		Ternifine Kromdraai	
Cromer-interglazial	Mauer	Lantian?	Olduvai (*Homo erectus*)	500 000
Günz-vereisung		Trinil	Swartkrans	1 000 000
Villafranchien		Djetis		

Von den Alpen ausgehend, unterschied man zunächst die Günz-, Mindel-, Riß- und Würmeiszeit. Vom Norden Europas aus betrachtet, kam man auf die Namen Elster-, Saale- und Weichselvereisung.

Worterklärungen

Anmerkung: Die in diesem Glossar benutzten Definitionen stützen sich auf das sehr viel vollständigere Glossar in Frederick S. Hulses Buch *The Human Species: An Introduction to Physical Anthropology*, 2. Aufl. New York 1971. Es wurden jedoch einige Definitionen abgeändert und andere hinzugefügt. Außerdem wurden einige üblicherweise benutzte lateinische Namen für fossile Hominiden aufgeführt. Bei denen, die ich als Synonyme betrachte, ist der gültige Name in Klammern hinzugefügt. (Die deutschen Übersetzer haben Definitionen weggelassen, die sich erübrigen, weil es z. B. im Deutschen üblich ist, Knochen mit deutschen Namen zu bezeichnen, und andere abgeändert, weil sie sich bei uns nicht durchgesetzt haben.)

Abbevillien: die Tradition der Werkzeugherstellung, die dem Acheulien (s. d.) vorausging und sich zu diesem entwickelte. Die typischen Werkzeuge sind grob zugehauene, zweiseitige Schneidgeräte aus Stein.

Acheulien: eine Tradition der Werkzeugherstellung des Altpaläolithikums. Die typischen Werkzeuge sind fein behauene, zweiseitige Schneidgeräte aus Stein.

adaptieren: sich anpassen. Ein genetisches System erwerben, das für die Existenz unter den herrschenden ökologischen Bedingungen geeignet ist. Populationen adaptieren, passen sich an.

Allel: eine von zwei oder mehr Formen eines Gens.

Alleldrift: siehe Gendrift.

Anthropoidea: im engeren Sinne Menschenaffen, im weiteren Sinn die Gruppe im zoologischen System, die die Neuweltaffen, die Altweltaffen, die Menschenaffen und die Menschen umfaßt.

Appetenzverhalten: das zweckgerichtete Verhalten höherer Organismen; das Streben nach lustgewährenden Instinkthandlungen und das Suchen nach bestimmten

Reizsituationen, die einen angeborenen Mechanismus auslösen (nach Hehlmann, *Wörterbuch der Psychologie,* Stuttgart 1965).

Argon: eines der Edelgase; das sind chemische Elemente, die nicht fähig sind, sich mit anderen Elementen zu verbinden. Sie entstehen beim Zerfall von Atomen anderer Elemente.

Atlanthropus mauretanicus: Ternifine-Mensch (*Homo erectus*).

Australopithecus: eine Hominidengattung, die vom späten Pliozän bis zum mittleren Pleistozän lebte.

Australopithecus africanus: Graziler Dartianer.

Australopithecus prometheus: Graziler Dartianer von Makapan (*Australopithecus africanus*).

Australopithecus robustus: Robuster Dartianer.

Brachiation: Übergang zu hangelnder Fortbewegung durch Verlängerung und Stärkung der Arme. Musterbeispiel: Gibbons.

C^{14}-Datierung: ein Verfahren zur Datierung des Zeitpunktes, zu dem ein Organismus gestorben ist; es wird gemessen, bis zu welchem Grad sein Anteil an dem radioaktiven Isotop Kohlenstoff 14 zerfallen ist. Kohlenstoff (C) hat normalerweise das Atomgewicht 12. Er hat aber ein Isotop (s. d.) vom Atomgewicht 14. Dieses ist radioaktiv, d. h. seine Atome zerfallen ganz gleichmäßig in C^{12} und Edelgas. Nun ist bekannt, wie hoch der Anteil an C^{14} in lebenden Lebewesen ist; man kennt auch die Zerfallsgeschwindigkeit. Findet man nun Knochen oder andere Reste von Lebewesen, so kann man aus dem Vergleich des heutigen Anteils an C^{14} mit dem normalen berechnen, vor wieviel Jahren das betreffende Wesen gestorben ist.

Chorda dorsalis: eine dorsal (am Rücken) liegende, versteifende und unsegmentierte Saite, die bei niederen Chordaten (z. B. Lanzettfischchen, Neunaugen, Störe) vollständig erhalten bleibt, bei den Wirbeltieren jedoch nur zu Anfang der embryonalen Entwicklung als Vorgänger der Wirbelsäule erscheint, von dem beim erwachsenen Tier nur Reste erhalten bleiben.

Chromosom: ein fadenähnliches Gebilde im Zellkern, das sich aus den Genen zusammensetzt oder diese enthält. Außer in den Gameten (geschlechtlich differenzierte Fortpflanzungszellen) treten die Chromosomen paarweise auf.

Cromer: Warmzeit, siehe Tabelle 2.

Cyphanthropus rhodesiensis: Broken-Hill-Mensch (später *Homo erectus*).

Dartianer: volkstümlicher Name der Gattung *Australopithecus.*

Daumen: der zuinnerst liegende Digitus (Finger oder Zehe), der von den anderen Digiti getrennt ist, ihnen gegenübergestellt werden kann und das Greifen erleichtert. Bei den meisten Primaten finden sich Daumen sowohl an Händen als auch an Füßen: einigen wenigen fehlen Daumen an den Händen, uns z. B. fehlen sie an den Füßen.

Dinosaurier: Ordnung der Kriechtiere (Reptilien), ausgestorben, von langhalsiger und langschwänziger, ansehnlicher bis riesiger Gestalt. Charakterisiert durch bestimmte Eigenschaften des Skeletts, lebten sie von Anfang des Mittelalters der Erde bis in den ältesten Teil der Neuzeit.

Dominanz: in der Genetik der Besitz eines Allels, das sich selbst dann im Phänotyp (Erscheinungsbild) äußert, wenn es heterozygot ist. In der Ethologie der Besitz einer sozialen Stellung, die einem unbestrittene Priorität im Zugang zu allem Gewünschten verschafft.

Dryopithecus: eine Menschenaffengattung im Miozän und Pliozän, die die Vorfahren der heute lebenden großen Pongiden umfaßt haben könnte.

Eem: Warmzeit, siehe Tabelle 2.

Elster: Kaltzeit, siehe Tabelle 2.

Eoanthropus dawsoni: Piltdown-Mensch, der als Schwindel entlarvt wurde; Name ohne Wert.

Eozän: die zweite Epoche des Känozoikums.

Ethologie: in der Zoologie das Studium des Verhaltens von Tieren in Gruppen (Verhaltensforschung).

Evolution: Abstammung mit Modifikation. Eine Verschiebung in den Allelefrequenzen einer Population, während die Zeit abläuft.

Familie: die Gruppe in der Systematik, die mehr umfaßt als eine Gattung und weniger als eine Ordnung. Mitglieder einer Familie haben viele strukturelle Merkmale gemeinsam, wie z. B. die Canidae, zu denen Wölfe, Füchse u. a. gehören.

Femur: der Oberschenkelknochen.

Fibula: das Wadenbein, der erheblich schwächere der beiden Unterschenkelknochen.

Foramen magnum: die Öffnung im Schädel, durch die das Rückenmark austritt (Hinterhauptsloch).

Fortpflanzungspopulation: die Gruppe innerhalb einer Population, in der der größte Teil der Paarungen stattfindet und in der je zwei Partner verschiedenen Geschlechts die gleiche Chance haben, sich miteinander zu paaren.

Fossil: ein bleibender Teil jeder alten Lebensform. Gewöhnlich ist es ein harter Teil, der mineralisiert worden ist, doch werden Abdrücke oder Abgüsse, die erhalten sind, ebenfalls Fossilien genannt.

Gattung: siehe Genus.

Gen (Erbfaktor): die Einheit der Vererbung. Gegenwärtig wird allgemein angenommen, daß jedes Gen für die Synthese eines bestimmten Enzyms verantwortlich ist.

Gendrift, Alleldrift: in der Vererbungswissenschaft eine Verschiebung der Allelefrequenzen, die ausschließlich auf Zufall beruht – wie eine Glücks- oder Pechsträhne beim Glücksspiel. Infolgedessen wirkt sich diese Drift am stärksten in ganz kleinen Populationen aus.

Genotyp: die genetische Konstitution, die mit der Umwelt reagiert und so den Phänotyp hervorbringt.

Genus, pl. Genera (Gattung): eine Gruppe, die mehr umfaßt als eine Art (Spezies) und weniger als eine Familie. Die Arten einer Gattung haben so viele Merkmale gemeinsam, daß sie untereinander meist in scharfem Wettbewerb stehen.

geschlechtsgebunden: Ein Gen wird als geschlechtsgebunden bezeichnet, wenn es entweder auf dem X- oder auf dem Y-Chromosom liegt, die das Geschlecht bestimmen. Die Art und Weise seiner Vererbung wird durch seine Lage determiniert.

Glutäalmuskel, Musculus glutaeus maximus: bei den Hominiden der größte Muskel; verläuft über Hüfte und Oberschenkel; seine Stärke erlaubt die aufrechte Haltung ohne bewußte Anstrengung. Bei anderen Primaten ist dieser Muskel kleiner und schwächer, außerdem verläuft er etwas anders.

Guanchen: die eingeborenen Bewohner der Kanarischen Inseln, bekannt wegen ihres großen Wuchses und ihrer ungewöhnlichen Kraft.

Günz: Kaltzeit, siehe Tabelle 2.

heterozygot: ein Merkmal, entstanden, wenn die entsprechenden beiden Gene zwar zusammengehören, in ihrer Wirkung auf das entstehende Wesen aber verschieden sind; z. B. gibt es rote und elfenbeinfarbene Löwenmaulblüten (auf verschiedenen Pflanzen). Kreuzt man sie, so erhält man blaßrosa Blüten. Diese Pflanzen sind heterozygot, denn in dem betreffenden Genpaar liegt in dem einen Gen die Anlage zur roten Blütenfarbe, im anderen die zur Elfenbeinfarbe.

Holstein: Warmzeit, siehe Tabelle 2.

Hominidae, Hominiden: die Familie, zu der alle Arten des *Homo* sowie *Australopithecus* und *Ramapithecus* gehören.

Hominoidea: die Überfamilie, zu der die Hominidae und die

Pongidae gehören, d. h. Menschen und Menschenaffen.

Homo: die Gattung, zu der wir gehören.

Homo erectus: die ausgestorbene Art, zu der die unmittelbaren Vorfahren des *Homo sapiens* gehören.

Homo habilis: der Mensch aus Bett I in Olduvai, Übergang zwischen *Australopithecus africanus* und *Homo erectus*. Die frühen Individuen gehören vermutlich zum ersteren, die späteren zum zweiten.

Homo modjokertensis: Djetis-Mensch von Java (*Homo erectus*).

Homo mousteriensis: Neandertaler (*Homo neanderthalensis*).

Homo sapiens: Jetztmensch. Die einzige lebende Art der Gattung *Homo*.

Homo soloensis: Solo-Mensch (später *Homo erectus*).

Homo steinheimensis: Steinheim-Mensch (früher *Homo sapiens* oder *Homo neanderthalensis*).

homozygot: das Gegenteil von heterozygot; in diesem Fall sind die Gene gleich, also im Beispiel beide von roten oder beide von elfenbeinfarbenen Blüten. Die Blüten dieser Pflanze werden also wieder rot bzw. elfenbeinfarben sein.

Humerus: der Oberarmknochen.

Ilium, Ischium und Pubis: die drei Knochen, aus denen das Becken zusammenwächst, Darmbein, Sitzbein und Schambein.

Isotope: Elemente mit verschiedenem Atomgewicht, aber gleicher Kernladung und gleicher Elektronenzahl in der Hülle, chemisch nicht zu unterscheiden. Fast alle Elemente sind Gemische verschiedener Isotope.

Kalium-Argon-Methode: ein Verfahren zur Datierung der Zeit, zu dem ein bestimmtes Gestein gebildet wurde, indem man mißt, bis zu welchem Grad Kalium in Argon verwandelt worden ist.

Kambrium: die erste Epoche des Paläozoikums, vor 500 bis 400 Millionen Jahren.

Känozoikum: die geologische Epoche, die vor etwa 65 Millionen Jahren begann und in der wir heute leben.

Karbon, Kohle: die fünfte Epoche des Paläozoikums, vor etwa 300 bis 200 Millionen Jahren.

Kenyapithecus wickeri: Ramapithecus von Fort Ternan (*Ramapithecus punjabicus*).

Klasse: eine Gruppe, die mehr umfaßt als eine Ordnung und weniger als einen Stamm (Phylum). Mitglieder einer Klasse weisen grundlegende strukturelle Ähnlichkeiten auf, wenn sie vielleicht auch umfangreicher adaptiver Entfaltung unterworfen waren. Klassen des Stammes Wirbeltiere sind: Rundmäuler, Fische, Lurche, Kriechtiere, Vögel, Säugetiere.

konvergente Evolution: Evolution, durch die zwei Gruppen einander ähnlich werden.

Kreide: die letzte Epoche des Mesozoikums, fast so lang wie die gesamte auf sie folgende Neuzeit.

Kultur: Verhalten, das erlernt, in der Gesellschaft geteilt und von einer Generation an die nächste weitergegeben wird.

Mammalia, Säuger: die Klasse der Wirbeltiere, die zu irgendeiner Zeit ihres Lebens Haare besitzen, deren Unterkiefer aus einem einzigen Knochen besteht und deren Weibchen ihre Jungen säugen.

Mandibulum: siehe Unterkiefer.

Meganthropus africanus: ostafrikanischer Graziler Dartianer (*Australopithecus africanus*).

Meganthropus palaeojavanicus: Robuster Dartianer von Djetis (*Australopithecus robustus*).

Mesozoikum: Mittelalter der Erde, eine geologische Epoche vor 200 bis 65 Millionen Jahren.

Miozän: die vierte Epoche des Känozoikums.

Molar: Backenzahn, der nicht gewechselt wird. Siehe Prämolar.

Moräne: Ablagerung, in oder durch einen Gletscher gebildet. Endmoränen bilden den Rand eines Gletschers.

Moustérien: die Haupttradition der Werkzeugherstellung im mittleren Paläolithikum, eng verbunden mit dem Neandertaler. Es gab eine große Vielfalt von Werkzeugen, darunter Klingen, Schaber, Spitzen und Bohrer.

Mutation: die physikalische oder chemische Veränderung in der Struktur eines Gens, die zu einer Veränderung in der Tätigkeit des Gens führt.

natürliche Auslese (natürliche Selektion): Selektion (s. d.), die ohne Absicht oder Steuerung durch irgend jemanden stattfindet, im Gegensatz zur künstlichen Auslese durch einen Züchter, der eine bestimmte Sorte von Geschöpfen erhalten möchte.

Neandertal: ein Tal bei Düsseldorf, wo Reste einer pleistozänen Form des Menschen gefunden wurden, nach dem diese Varietät benannt ist.

Neolithikum (Jungsteinzeit): die Periode, in der der Mensch Pflanzen anbaute und einen großen Teil seiner Werkzeuge aus geschliffenem Stein herstellte. Dörfer mit Landwirtschaft und Selbstversorgung waren typisch.

Ökologie: die Lehre von den wechselseitigen Beziehungen von Organismen untereinander und mit der unbelebten Umwelt.

ökologische Nische: die Stellung, die ein Geschöpf im Verhältnis zu seiner Umwelt einnimmt; seine Lebensweise, insofern sie sich in die lebende Gemeinschaft, von der es einen Teil bildet, einpaßt.

Oldowan: eine Tradition der Werkzeugherstellung in Afrika während des Villafranchien. Das Standardwerkzeug war ein grobgefertigter Faustkeil (Haustein).

Oligozän: die dritte Epoche des Känozoikums.

Ordnung: eine Tier- oder Pflanzengruppe, umfassender als eine Familie, aber weniger als eine Klasse. Mitglieder einer Ordnung haben Anpassungen an eine breite ökologische Zone gemeinsam, können sich aber so sehr voneinander unterscheiden wie Robben von Katzen oder Menschen von Lemuren.

Oreopithecus: eine Anthropoidengattung des Pliozäns.

Osteodontokeratikum: die angebliche Kultur der *Australopithecinen,* die, wie Dart behauptet, Werkzeuge aus Knochen, Zähnen und Horn herstellten.

Palaeoanthropus heidelbergensis: Heidelberg-(Mauer-) Mensch (*Homo erectus*).

Paläolithikum: die Altsteinzeit.

Paläozoikum: die geologische Zeit vor 500 bis 200 Millionen Jahren (Kambrium bis Perm).

Paleozän: die erste Epoche des Känozoikums.

parallele Evolution: gleichgerichtete Evolution zweier Gruppen, so daß sie trotz fehlender Vermischung nicht weniger ähnlich werden, sondern statt dessen beide gleiche neue Merkmale erwerben.

Paranthropus crassidens: Robuster Dartianer von Kromdraai (*Australopithecus robustus*).

Paranthropus robustus: Robuster Dartianer von Swartkrans (*Australopithecus robustus*).

Perm: die letzte Epoche des Paläozoikums, vor etwa 200 Millionen Jahren.

Phänotyp: das Erscheinungsbild eines Wesens, das durch erbliche und nichterbliche Eigenschaften hervorgerufen wird.

Phylogenie, Phylogenese, Stammesgeschichte: die Evolutionsgeschichte einer Gruppe.

Phylum, pl. Phyla, Stamm: eine Gruppe, die alle Geschöpfe umfaßt, die das gleiche strukturelle Grundschema aufweisen und deshalb miteinander verwandt sind (z. B. bilden alle Mollusken oder alle Chordatiere einen Stamm).

Pithecanthropus: eine fossile Hominidengattung des unteren mittleren Pleistozäns. Wird heute in der Systematik nicht mehr benutzt.

Pithecanthropus erectus: Trinil-Mensch (*Homo erectus*).

Pithecanthropus robustus: Djetis-Mensch (*Homo erectus*).

Pleistozän: die sechste Epoche des Känozoikums, während

der die großen Vereisungen in verschiedenen Regionen stattfanden. (Nicht dasselbe wie Paläolithikum.)

Plesianthropus transvaalensis: Graziler Dartianer von Sterkfontein (*Australopithecus africanus*).

Pliozän: die fünfte Epoche des Känozoikums.

Pluvial: eine Regenperiode. Pluvialperioden in tropischen Ländern können gleichzeitig mit Vereisungen in kälteren Gebieten aufgetreten sein.

Pongidae: die Familie, der die Gattungen der großen Menschenaffen angehören.

Präadaptation: ein Merkmal, das für die ökologischen Bedingungen, unter denen ein Geschöpf noch nicht lebt, nützlich ist.

Prämolar: ein vorderer Backenzahn der Säugetiere. Diese Zähne werden gewechselt wie die Schneidezähne und Eckzähne, im Gegensatz zu den hinteren Backenzähnen, den Molaren, die nur einmal erscheinen.

Primaten: die Ordnung der Säugetiere, zu der wir gehören.

Propliopithecus: eine Anthropoidengattung des Oligozäns, könnte Vorfahren aller Hominiden gestellt haben.

Propliopithecus haeckeli: Hominide aus dem Fayum.

Prosimia, Halbaffen: die Unterordnung der Primaten, zu denen Lemuren, Makis, Tarsier und andere primitive Formen gehören.

Radius, Speiche: der kürzere der beiden Knochen des Unterarmes, um den beim Menschen und vielen anderen Säugetieren der Unterarm mit der Hand gedreht werden kann.

Ramapithecus: eine Hominidengattung aus dem späten Miozän bis frühen Pliozän, mit Zähnen, die für nahe Verwandtschaft mit dem Menschen sprechen.

Ramapithecus punjabicus: einzige bekannte Art der Gattung *Ramapithecus.*

Rasse: eine Population innerhalb einer Art, die man allein aus genetischen Gründen leicht von anderen Populationen der gleichen Art unterscheiden kann.

Saale: Kaltzeit, siehe Tabelle 2.

Schädelkapazität: das Volumen der Schädelhöhle, das annähernd dem Volumen des Gehirns entspricht. Infolgedessen ist das beste Verfahren zur Schätzung, wie groß das Gehirn ausgestorbener Geschöpfe, unsere Vorfahren eingeschlossen, gewesen ist, das Schädelvolumen zu messen.

Selektion, Auslese: das Überleben einiger Genotypen auf Kosten gegensätzlicher, weil die letzteren weniger gut angepaßt sind.

sexueller Dimorphismus: ausgeprägte Unterschiede in den Merkmalen der Männchen und Weibchen einer Art, beispielsweise in der Körpergröße.

Sichelzelle: eine rote Blutzelle, die eine zusammengefallene und verzerrte Form annimmt und nicht in der Lage ist, die normale Menge Sauerstoff zu befördern. Solche Zellen sind auf ein rezessiv unvollständiges Allel zurückzuführen; bei heterozygoten Individuen werden verhältnismäßig wenig Sichelzellen gefunden.

Sinanthropus pekinensis: Peking-Mensch von Choukoutien (*Homo erectus*).

Spezies, Art: die Grundgruppe unter bisexuellen Geschöpfen. Die Linien der genetischen Kommunikation sind *innerhalb* einer Spezies offen, jedoch nur selten *zwischen* verschiedenen Spezies. Der Name der Spezies wird stets mit kleinem Anfangsbuchstaben hinter dem Namen der Gattung angegeben, zu der sie gehört.

Systematik: die Wissenschaft von der systematischen Klassifizierung lebender und ausgestorbener Wesen, so daß dadurch ihre Verwandtschaft untereinander angegeben wird.

Tchadanthropus uxoris: Tschad-Mensch (später Graziler Dartianer oder früher *Homo erectus*).

Telanthropus capensis: fortgeschrittener Mensch von Swartkrans (*Homo erectus*).

Territorialität: ein Begriff, der in der Ethologie häufig benutzt wird, um das Verhalten von wildlebenden Tieren zu »erklären«. Der Begriff beruht auf der Vorstellung, daß die Verteidigung seines Heimatterritoriums oder Reviers lebensentscheidend wichtig für das Geschöpf sei, weil sie dazu dient, die Individuen einer Art über den Siedlungsraum zu verteilen und damit die Nahrungsvoraussetzungen sicherzustellen. Von den Primatenarten sind manche stärker territorial gebunden als andere.

Tibia, Schienbein: der kräftigere der beiden Unterschenkelknochen.

Tieraffe: eine Gruppe der Anthropoidea, die Schwänze besitzt. Zwei verschiedene Unterordnungen, die Ceboidea der Neuen Welt und die Cercopithecoidea der Alten Welt, gehören auf diese Stufe.

Trachodon: ein Dinosaurier mit entenschnabelähnlichem Maul, längeren Hinterbeinen und hufförmigen Endgliedern der Füße. Aus der oberen Kreide Nordamerikas. Mit vielen Zähnen auf dem Oberkiefer.

Tyrannosaurus: ein Dinosaurier der oberen Kreide des westlichen Nordamerika. Mit nur etwa 12 Zähnen auf dem Oberkiefer.

Ulna, Elle: der längere Knochen des Unterarmes, dessen körpernahes Ende die Rolle des Oberarmknochens umgreift und so das Ellenbogengelenk bildet.

Unterkiefer, Mandibulum: bei Säugetieren ein einziger Knochen. Der Unterkiefer bleibt häufiger als Fossil erhalten als viele andere Knochen.

Villafranchien: der erste Teil des Pleistozäns – vor der Günzvereisung. Während dieser Zeit erscheinen die ersten modernen Säugetierarten.

Weichsel: Kaltzeit, siehe Tabelle 2.

Zinjanthropus boisei: Robuster Dartianer von Olduvai aus Bett I (*Australopithecus robustus*).

Literaturverzeichnis

Berckhemer, F., 1933: *Notiz über den Fund eines Menschenschädels in den Schottern von Steinheim.* Anthropologischer Anzeiger *10,* 318.

Black, D., 1927: *Tertiary Man in Asia.* Bull. Geol. Soc. China *5,* 3–4.

–, 1927: *On a Lower Molar Hominid Tooth from the Chou Kou Tien Deposit.* Palaeontologia Sinica *7,* 1.

Boule, M., 1906: *Les Grottes de Grimaldi.* Géol. Paleontol. *1.*

–, 1911–1913: *L'Homme fossile de la Chapelle-aux-Saints.* Ann. Paléontol.

–, et Vallois, H. V., 1952: *Les Hommes fossiles.* 4. Aufl. Verlag Masson, Paris.

Broom, R., 1925: *Some Notes on the Taungs.* Nature *115,* 569.

–, 1929–1951: *Viele Notizen über Paranthropus und Plesianthropus.* Nature *123–167.*

Dart, R. A., 1940–1949: *Viele Arbeiten über Australopithecus.* American Journal of Physical Anthropology *6* & *7.*

–, 1956: *The Myth of Bone-Accumulating Hyena.* American Anthropologist *58,* 40–62.

–, and Dennis Craig, 1959: *Adventures with the Missing Link.* Verlag Hamilton, London, 251 Seiten.

Degerbøl, M., 1957: *Från apa till människa.* Verlag Almqvist & Wiksell/Gebers, 135 Seiten.

Dubois, E., 1894: *Pithecanthropus erectus, eine menschenähnliche Übergangsform aus Java.* Batavia.

–, 1920–1940: *Viele Arbeiten über Pithecanthropus.* Proceedings Acad. van Wetensch. Amsterdam *23–43.*

Fuhlrott, C., 1859: *Menschliche Überreste aus einer Felsengrotte des Düsselthales.* Verh. naturk. Ver. Preuss. Rheinlande u. Westph. *16.*

Gorjanović-Kramberger, K., 1906: *Der diluviale Mensch von Krampina in Kroatien.* Wiesbaden.

Gregory, W. K., Hellman, M., & Lewis, G. E., 1938: *Fossil Anthropoids of the Yale-Cambridge India Expedition of 1935.* Carnegie Institution Publication Nr. 495.

Heberer, G., 1958/59: *Die Evolution der Organismen.* Gustav Fischer Verlag, Stuttgart, 1326 Seiten.

–, 1965: *Menschliche Abstammungslehre.* Gustav Fischer Verlag, Stuttgart, 481 Seiten.

–, 1968: *Homo – unsere Ab- und Zukunft.* Deutsche Verlagsanstalt, Stuttgart.

Hürzeler, J., 1960: *Die Bedeutung des Oreopithecus für die Stammesgeschichte des Menschen.* Triangel, Basel, *4.*

Jelinek, J., 1972: *Das große Bilderlexikon des Menschen in der Vorzeit.* Verlag Bertelsmann, Berlin.

Koenigswald, G. H. R. von, 1936: *Ein neuer Hominide aus dem Altpleistocän Ostjavas.* De Ingenieur in Nederlands-Indië *8.*

–, 1938: *Ein neuer Pithecanthropus-Schädel.* Proc. Acad. van Wetensch. Amsterdam *41.*

–, 1955: *Begegnungen mit dem Vormenschen.* Verlag Diederichs, Düsseldorf/Köln.

–, 1958: *Hundert Jahre Neanderthaler.* Neanderthal-Centenary 1856–1956, Verlag Böhlau, Köln.

Kohl-Larsen, L., 1943: *Auf den Spuren des Vormenschen.* Stuttgart, 2 Bde.

Kurtén, B., 1961: *Människor och sabeltigrar.* Christofers, 138 Seiten.

–, 1963: *Människans utveckling.* Aldus, 176 Seiten.

–, 1969: *Continental Drift and Evolution.* Scientific American 1969, Nr. 3, 54–64.

–, 1971: *Time and Hominid Brain Size.* Commentationes Biologicae Nr. 36, 8 Seiten.

Kurth, G., 1968: *Evolution und Hominisation.* Verlag G. Fischer, Stuttgart.

Leakey, L. S. B., 1948: *Fossil and Subfossil Hominoidea in*

East-Africa. Proceedings of the Royal Society of South-Africa.

Le Gros Clark, W. E., 1950: *South African Fossil Hominoids.* Nature 165.

–, 1964: *The Fossil Evidence for Human Evolution.* Chicago University Press 1964.

–, 1967: *Man-Apes or Ape-Men.* Holt, Rinehart & Winston, New York, 150 Seiten.

Mayr, E., 1963: *Animal Species and Evolution.* Harvard University Press, Cambridge, Mass., 797 Seiten.

Oakley, K. P., 1950: *The Fluorine Dating Method.* Yearbook Phys. Anthropol. *5.*

–, 1952: *Swanycombe Man.* Proceedings of the Geological Association *63.*

–, 1952: *Man the Toolmaker.* British Museum (Natural History), 98 Seiten.

–, 1964: *Frameworks for Dating Fossil Man.* Weidenfeld & Nicolson, London, 355 Seiten.

Pilbeam, D., *Notes on Ramapithecus, the Earliest Hominid, and Dryopithecus.* American Journal of Physical Anthropology *25,* 1–6.

Reck, H., 1933: *Oldoway, die Schlucht des Urmenschen.* Leipzig.

Remane, A., 1950: *Bemerkungen über Gigantopithecus Blacki.* Zeitschrift für Morphologie und Anthropologie *42.*

–, 1955: *Ist Oreopithecus ein Hominide?* Akad. Wiss. Lit. Mainz, Abh. math.-naturwiss. Klasse Nr. 12.

Rensch, B., 1954: *Neuere Probleme der Abstammungslehre.* Ferdinand Enke, Stuttgart, 436 Seiten.

Schoetensack, O., 1908: *Der Unterkiefer des Homo Heidelbergensis aus den Sanden von Mauer bei Heidelberg.* Leipzig.

Schwalbe, G., 1899: *Studien über Pithecanthropus erectus Dubois.* Zeitschrift für Morphologie und Anthropologie *I.*

–, 1901: *Der Neandertalschädel.* Bonner Jahrbücher *100.*

Sergi, S., 1940: *Der Neandertalschädel vom Monte Circeo.* Anthropologischer Anzeiger *16.*

–, 1944: *Craniometria e craniografia del primo paleantropo di Saccopastore.* Ric. di Morfol. *20–21.*

Simons, Elwyn L., and Pilbeam, D., 1965: *Preliminary Revision of the Dryopithecinae (Pongidae, Anthropoidea).* Folia Primatologica *3,* 91–152.

Simons, Elwyn L., 1967: *The Earliest Apes.* Scientific American 1967, Nr. 12, 28–35.

Tackenberg, K., 1956: *Der Neandertaler und seine Umwelt.* Verlag Habelt, Bonn, 193 Seiten.

Vallois, H. V., 1949: *L'Homme fossile de Fontéchevade.* Comptes Rendus Acad. Sciences *228.*

–, 1953: *Une Découverte importante: un Homo rhodesiensis en Afrique du Sud.* L'Anthropologie *57.*

Weidenreich, F., 1928: *Der Schädelfund von Weimar-Ehringsdorf.* Jena.

–, 1936: *The Mandibles of Sinanthropus.* Palaeontologia Sinica Ser. D 7.

–, 1946: *Apes, Giants and Man.* Chicago, Ill.

–, 1951: *Morphology of Solo Man.* Anthrop. Papers of the Americ. Mus. Nat. Hist. *43.*

Weinert, H., 1933: *Das Problem des Eoanthropus von Piltdawn.* Zeitschr. für Morphologie und Anthropologie *32.*

–, 1952: *Zwei neue Urmenschenfunde.* Zeitschrift für Morphologie und Anthropologie *43.*

Wendt, H., 1954: *Ich suchte Adam.* Roman einer Wissenschaft. Verlag Grote, Hamm.

Westenhöfer, Max, 1948: *Entwicklung, Menschwerdung, Weltanschauung. Die Grundlagen meiner Theorie vom Eigenweg des Menschen.* Heidelberg.

Woldstedt, P., 1961/64: *Das Eiszeitalter.* Verlag Ferdinand Enke, Stuttgart, 3 Bde.

Wüst, K., 1951: *Über den Unterkiefer von Mauer (Heidelberg) im Vergleich zu anderen fossilen und rezenten*

Unterkiefern von Anthropoiden und Hominiden. Zeitschrift für Morphologie und Anthropologie *42.*
Zapfe, H., 1960: *Die Primatenfunde aus der miocänen Spaltenfüllung von Neudorf an der March* (*Děvínska Nová Ves*), *Tschechoslowakei.* Schweizer Palaeontologische Abhandlungen *78,* 1–293.